普通高等教育城市轨道交通规划教材

城市轨道交通信号基础与设计

主编　高宗余
参编　孙　迪　张争珍

机械工业出版社

本书共12章，第1~6章分别介绍城市轨道交通信号的基础设备，第7~11章介绍轨道交通列车控制系统，第12章介绍CBTC这一目前应用最广的城市轨道交通信号系统。

本书可作为城市轨道交通高等院校的专业教材，还可作为从事城市轨道交通的工程技术人员和技术工人的学习资料，以及城市轨道交通技术培训用书。

图书在版编目（CIP）数据

城市轨道交通信号基础与设计/高宗余主编. —北京：机械工业出版社，2019.1（2025.1重印）

普通高等教育城市轨道交通规划教材

ISBN 978-7-111-61430-2

Ⅰ.①城… Ⅱ.①高… Ⅲ.①城市铁路-铁路信号-信号系统-高等学校-教材②城市铁路-铁路信号-信号设计-高等学校-教材 Ⅳ.①TU239.5

中国版本图书馆CIP数据核字（2018）第267288号

机械工业出版社（北京市百万庄大街22号 邮政编码100037）
策划编辑：曹新宇 责任编辑：曹新宇 陈文龙
责任校对：李 杉 佟瑞鑫 封面设计：鞠 杨
责任印制：张 博
北京建宏印刷有限公司印刷
2025年1月第1版第5次印刷
184mm×260mm·9.75印张·237千字
标准书号：ISBN 978-7-111-61430-2
定价：29.80元

凡购本书，如有缺页、倒页、脱页，由本社发行部调换

电话服务 网络服务
服务咨询热线：010-88379833 机工官网：www.cmpbook.com
读者购书热线：010-88379649 机工官博：weibo.com/cmp1952
 教育服务网：www.cmpedu.com
封面无防伪标均为盗版 金 书 网：www.golden-book.com

前　言

城市轨道交通信号系统是指挥列车运行、保证行车安全、提高运输效率、传递信息、改善行车人员劳动条件的关键设施。它实际上已成为了城市轨道交通调度指挥和运营管理的中枢神经。

城市轨道交通信号设备是城市轨道交通的主要技术装备之一。城市轨道交通信号的装备水平和技术水准是城市轨道交通先进程度的重要标志。

城市轨道交通的列车运行速度相对较低、站间距离短，但行车密度大，可靠性要求高。因此，各城市轨道交通公司大多选择ATC（列车运行自动控制）及CBTC（基于通信的列车自动控制）系统构成信息交换网络闭环系统。该系统是以信号设备为基础，集行车指挥、运行调整以及无线通信等功能为一体，是网络化、综合化、数字化、智能化的列车运行自动控制系统。

城市轨道交通信号系统的技术含量高，需要大量从事信号维护及管理的专业人员。为使即将从事城市轨道交通信号应用工作的学生和技术人员掌握城市轨道交通信号系统的基本原理，提高他们的技术水准，满足城市轨道交通发展需要，我们编写了本书。本书也可作为城市轨道交通企业新员工的培训教材，帮助他们掌握基本知识，为提升应急应变能力奠定基础。针对本专业特点，本书密切结合城市轨道交通的实际情况，介绍各种信号设备，尽量不进行公式推导，少做定量分析，而着重进行概念和基本原理的讲解。

全书共12章：

第1章是绪论，较全面地介绍了城市轨道交通信号系统的概况，使读者能建立对城市轨道交通信号系统的整体认识。

第2~6章是城市轨道交通信号基础部分，介绍了继电器、轨道电路、计轴设备及应答器、信号机和道岔转辙机设备。

第7章是联锁系统，介绍了车辆段联锁、6502电气集中联锁、计算机联锁及正线联锁，并对其联锁设备的结构、原理及功能做了较详细的介绍。

第8~11章对ATC及ATC包含的ATP、ATO及ATS做了详细的介绍，对其原理及功能分别进行了论述。

第12章对现在城市轨道交通大量应用的CBTC系统进行了系统的介绍，对其原理、特点及功能进行了详细的介绍。

本书最后安排了针对不同的城市轨道交通信号设备的设计实训，引导学生及技术人员对城市轨道交通信号有一个直观的认识与理解。

本书第1~9章由高宗余编写，第10、11章由孙迪编写，第12章及设计实训由张争珍编写，高宗余负责统稿。王利荣、于丽杰、廖文江、赵丽鲜等为本书出版提供了大量帮助，在此表示衷心感谢！此外，本书的出版获得了北京联合大学的教材出版资助，在此一并表示感谢。

由于编者水平所限，书中难免有错漏之处，恳请广大读者批评指正。

编　者

目 录

前言
第1章 绪论 ……………………………… 1
1.1 城市轨道交通信号基础概述 ……… 1
1.2 城市轨道交通信号系统 …………… 1
1.3 城市轨道交通信号系统的发展状况及趋势 ……………………………… 3
第2章 继电器 …………………………… 4
2.1 继电器概述 ………………………… 4
2.2 继电器的基本原理 ………………… 4
2.3 安全型继电器 ……………………… 6
2.4 继电器的应用 ……………………… 11
2.5 继电器的基本电路 ………………… 14
第3章 轨道电路 ………………………… 15
3.1 轨道电路概述 ……………………… 15
3.2 轨道电路的构成 …………………… 15
3.3 轨道电路的基本原理 ……………… 16
3.4 工频交流轨道电路 ………………… 18
3.5 音频轨道电路 ……………………… 19
3.6 道岔区段轨道电路 ………………… 21
3.7 轨道电路的划分和命名 …………… 22
第4章 计轴设备及应答器 ……………… 24
4.1 计轴设备概述 ……………………… 24
4.2 计轴器的作用 ……………………… 24
4.3 计轴器的构成 ……………………… 24
4.4 计轴系统的基本原理 ……………… 25
4.5 应答器 ……………………………… 26
第5章 信号机 …………………………… 29
5.1 信号机概述 ………………………… 29
5.2 信号机的分类 ……………………… 29
5.3 透镜式色灯信号机 ………………… 32
5.4 LED式色灯信号机 ………………… 33
5.5 地面信号机的设置 ………………… 34
5.6 信号显示 …………………………… 35
第6章 道岔转辙机 ……………………… 38
6.1 道岔转辙机概述 …………………… 38
6.2 道岔 ………………………………… 38
6.3 转辙机 ……………………………… 39
6.4 ZD6系列电动转辙机 ……………… 41
6.5 S700K型电动转辙机 ……………… 45
6.6 ZD（J）9型电动转辙机 …………… 46
第7章 联锁系统 ………………………… 49
7.1 联锁及联锁设备概述 ……………… 49
7.2 车辆段联锁 ………………………… 49
7.3 6502电气集中联锁 ………………… 53
7.4 计算机联锁 ………………………… 61
7.5 正线联锁设备 ……………………… 66
第8章 列车自动控制（ATC）系统 …… 78
8.1 ATC系统概述 ……………………… 78
8.2 ATC系统的组成和功能 …………… 78
8.3 ATC系统的水平等级 ……………… 79
8.4 不同闭塞制式的ATC系统 ………… 79
8.5 不同结构的ATC系统 ……………… 83
8.6 ATC系统的控制模式 ……………… 94
8.7 驾驶模式及模式转换 ……………… 95
8.8 试车线 ……………………………… 99
第9章 列车自动防护（ATP）子系统 ……………………………… 100
9.1 ATP系统概述 ……………………… 100
9.2 ATP系统的基本概念 ……………… 100
9.3 ATP系统的主要功能 ……………… 102
9.4 ATP系统的车载设备 ……………… 104
9.5 ATP系统的地面设备 ……………… 107
第10章 列车自动驾驶（ATO）子系统 ……………………………… 108

10.1	ATO 系统概述	108
10.2	ATO 系统的基本概念	108
10.3	ATO 系统的组成	108
10.4	ATO 系统的主要功能	109
10.5	ATO 系统的基本要求	111
10.6	ATO 系统的基本工作原理	112
10.7	ATO 系统与 ATP 系统的关系	114

第 11 章 列车自动监控（ATS）子系统 …… 116

11.1	ATS 系统概述	116
11.2	ATS 系统的基本概念	116
11.3	ATS 系统的基本要求	118
11.4	ATS 系统的主要功能	119
11.5	ATS 系统的基本原理	123
11.6	ATS 系统的运行	130
11.7	ATS 故障模式	134

第 12 章 基于通信的列车自动控制（CBTC）系统 …… 136

12.1	CBTC 系统概念	136
12.2	CBTC 系统的特性	136
12.3	CBTC 系统的结构图	137
12.4	CBTC 系统的组成	137
12.5	CBTC 系统的工作原理	138
12.6	国内外 CBTC 系统的发展	139
12.7	CBTC 系统的关键技术	140

设计实训 …… 142

任务 1	继电电路应用设计	142
任务 2	轨道电路设计	142
任务 3	轨道电路的划分	143
任务 4	信号机设计	143
任务 5	信号机的基本结构及控制电路	144
任务 6	轨道电路对信号灯的控制	144
任务 7	道岔转辙机设计	144
任务 8	计算机联锁系统操作	145
任务 9	联锁表编制	145
任务 10	进路解锁	146
任务 11	进路故障处理	146
任务 12	列车自动控制（ATC）系统	146
任务 13	列车自动防护（ATP）系统及车载设备	147
任务 14	列车自动驾驶（ATO）系统及车载设备	147
任务 15	列车自动驾驶（ATO）系统实现车站精确停车	147
任务 16	列车自动监控（ATS）系统在控制中心的设备	148
任务 17	列车自动监控（ATS）系统在车站的设备	148
任务 18	CBTC 系统认知任务	149

参考文献 …… 150

第1章

绪　　论

1.1　城市轨道交通信号基础概述

城市轨道交通具有运量大、速度快、安全、准点、环保、节约能源和用地等特点。世界各国普遍认识到，解决城市交通问题的根本出路在于优先发展以轨道交通为骨干的城市公共交通系统。

我国城市轨道交通建设始于1908年，第一条有轨电车在上海建成。1969年10月1日，北京地铁1号线建成通车，作为我国第一条现代化城市轨道交通系统，它的建成通车结束了我国没有地铁的历史。

我国城市轨道交通制式主要有地铁、轻轨和市郊铁路等形式，在城市客运交通中起骨干作用。

1.2　城市轨道交通信号系统

1. 我国城市轨道交通建设

目前，我国有50余个城市已建成及正在筹备建设城市轨道交通，包括北京、天津、上海、南京、武汉、重庆、大连、长春、台北、高雄、西安、香港、广州、深圳、成都、佛山等，其中大连、长春和重庆拥有轻轨和有轨电车。到2020年我国城市及城际轨道交通将达到6000km，将超过欧盟及美国。

由于城市轨道交通系统建设成本高，所以其往往采用高速度、高密度方式运营，这样就必须依靠先进的通信信号系统来进行控制和管理。

2. 城市轨道交通信号系统的作用

城市轨道交通信号系统是城市轨道交通最重要的设备之一，具备如下作用：

1）保证列车运行的安全。
2）具有统一指挥功能。
3）提高列车速度、运输效率和服务质量。
4）降低工作人员的劳动强度。
5）降低运营成本。

3. 城市轨道交通信号系统的组成

图1-1所示为城市轨道交通信号系统的组成。

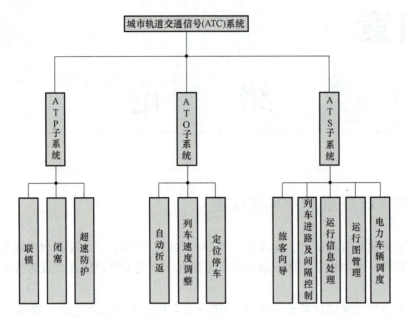

图 1-1　城市轨道交通信号系统的组成

(1) 列车自动防护（Automatic Train Protection，ATP）系统的功能
1) 列车的速度监督和超速防护。
2) 保证列车在安全的速度下行驶，给出各种信号的提醒。
3) 自动启动紧急制动。
4) 安全性停车点防护。
5) 列车车门控制。
6) 联锁系统。

轨道交通的计算机联锁是指利用计算机对车站作业人员的操作命令及现场表示的信息进行逻辑计算，从而对信号机及道岔等进行集中控制并使其达到相互制约的车站联锁设备。

(2) 列车自动运行（Automatic Train Operation，ATO）系统的功能
1) 完成站间自动运行。
2) 列车速度调节。
3) 进站定点停车。
4) 车门和屏蔽门的控制。
5) 提高列车的正点率和乘客的舒适度。

(3) 列车自动监控（Automatic Train Supervision，ATS）系统的功能
1) 系统的运营核心。
2) 列车状态的监督和控制。
3) 进路的控制。
4) 运行图的管理。
5) 运行调整。

1.3 城市轨道交通信号系统的发展状况及趋势

1. 我国信号系统的发展

第一阶段,自主研发设备用于北京地铁的建设。我国自己研制的具有完全自主知识产权的信号系统首先应用于北京地铁的一期工程,当时的主要设备是自动闭塞、调度集中、列车自动驾驶和集电集中,在20世纪70年代,ATP和ATO等系统的研发,实现了列车行车指挥和运行的自动化,但系统的可靠性达不到运营的要求。

第二阶段,对早期设备进行改造和ATP研制。20世纪80年代,通过对车载微机调度集中系统、车载信号系统的改造及自主研发ATP车载系统等,提高了列车运行的安全性。

第三阶段,引入外国先进的信号系统设备。引入的设备造价昂贵,耗资巨大;设备的更新维护受制于人,返修渠道不畅,备件不能保证,制式混杂,给路网的扩张带来麻烦。故从1999年起,我国开始推行国产化策略。

2. 国外信号系统的发展状况

20世纪80年代,国外许多先进国家的轨道建设开始广泛采用先进的数字化信号系统,国外比较著名的信号系统设备制造商如下:

1) 德国SIEMENS(西门子)公司。
2) 美国US&S(西屋)公司。
3) 日本HITACHI(日立)公司。

3. 信号系统的发展趋势

由于通信与信号系统设备的品种多、设备量大、接口关系复杂,在安全性及可靠性等方面尚有需完善的空间,其发展趋势主要体现在以下4个方面:

1) 基于通信的ATC系统。
2) 全程无人的ATO系统。
3) 集成的综合轨道交通控制系统。
4) 更加重要的维修管理。

第2章 继 电 器

2.1 继电器概述

继电器是自动控制系统中常用的电器,它用于接通和断开电路,用以发布控制命令和反映设备状态,以构成自动控制和远程控制电路。

地铁信号系统中广泛采用的继电器被称为信号继电器(简称继电器),通常作为自动控制系统的接口部件。

继电器的可靠性直接影响到地铁信号系统的可靠性和安全性。

2.2 继电器的基本原理

1. 继电器的定义

继电器是一种当控制参数变化时,能引起被控制参数突然变化的电器部件。

2. 继电器的基本结构

继电器由电磁系统和触点系统两大部分组成,电磁系统由线圈、固定的铁心、轭铁以及可动的衔铁构成;触点系统由动触点、静触点构成。其基本结构如图2-1所示。

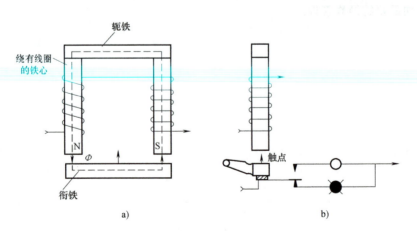

图 2-1 继电器的基本结构
a) 电磁系统 b) 触点系统

3. 继电器的工作原理

继电器的工作原理如下：

1) 当线圈中通入一定的电流后，根据电磁原理，线圈中产生磁性，衔铁被吸引。
2) 当线圈中没有足够的电流时，衔铁由于重力作用被释放。
3) 随着衔铁的动作，动触点与静触点接通或断开，从而实现对其他设备的控制。

4. 继电器的继电特性

继电器的继电特性是指当输入量达到一定值时，输出量发生突变，如图 2-2 所示。继电器线圈回路为输入回路，继电器触点所在回路为输出回路。当线圈中电流 I_x 增加到某一定值时，继电器衔铁被吸引，触点闭合；此后，若线圈中电流 I_x 继续增大，由于触点回路中阻值不变，I_y 保持不变。当线圈中电流 I_x 减小到一定值时，继电器衔铁释放，输出电流 I_y 突然减小到 0；此后，线圈中电流再减小，I_y 保持为 0 不变。

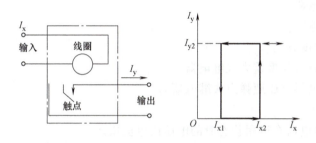

图 2-2 继电器的继电特性

5. 继电器的作用

继电器能够以极小的电信号控制执行电路中相当大的对象，能够控制数个对象和数个回路，也能控制远距离的对象。其有着良好的开关性能：闭合阻抗小、断开阻抗大、有故障导向安全性能、能控制多回路、抗雷击性能强、无噪声、温度影响小等。其在以继电技术构成的系统中，被大量使用；在以电子元件和微机构成的系统中，作为接口部件，将系统主机与信号机、轨道电路、转辙机等执行部件结合起来。

6. 轨道交通信号对继电器的要求

轨道交通信号对继电器的要求如下：

1) 安全、可靠。
2) 动作可靠、准确。
3) 使用寿命长。
4) 有足够的闭合和断开电路的能力。
5) 有稳定的电气特性和时间特性。
6) 保持良好的电气绝缘强度。

7. 信号继电器的分类

继电器类型繁多，信号继电器种类也不少，可按不同方式进行分类。

（1）按动作原理分类

1）电磁继电器。

2）感应继电器。

(2) 按动作电流分类

1）直流继电器。

2）交流继电器。

(3) 按输入物理量分类

1）电流继电器。

2）电压继电器。

(4) 按动作时间分类

1）正常继电器。

2）缓动继电器。

(5) 按触点结构分类

1）普通触点继电器。

2）加强触点继电器。

(6) 按工作可靠度分类

1）安全型继电器（N型重力式继电器）。

2）非安全型继电器（C型弹力式继电器）。

8. 继电器的参数

(1) 额定值　继电器在运用状态时的电压或电流值。

(2) 吸起值　使继电器动作（动触点与前触点接触）所需要的最小电流或电压值。

(3) 工作值　使继电器动作，前触点全部闭合，并满足规定的触点压力所需的最小电流或电压值。

(4) 释放值　继电器从规定值降低到前触点断开时的电压或电流值。

(5) 转极值　有极继电器的动触点由定位转换到反位或由反位转换到定位所需要的电压或电流值。

(6) 过负载值　继电器允许接入的最大电压或电流值（一般为工作值的4倍），接入过负载值后，线圈不受损伤，电气特性亦不变化。

(7) 吸起时间　从继电器线圈接通规定的电压或电流时起至全部前触点闭合的时间。

(8) 释放时间　从切断供以规定电压或电流的电源时起至全部动触点与后触点闭合的时间。

(9) 安全系数　额定值与工作值之比称为安全系数。

(10) 返还系数　释放值与工作值之比称为返还系数。

2.3　安全型继电器

1. 安全型继电器概述

(1) 安全型继电器的型号表示法　安全型继电器型号用汉字拼音字母和数字表示，字母表示继电器的种类，数字表示线圈的电阻值（单位为Ω），其表示法如图2-3所示，型号的文字符号含义见表2-1。

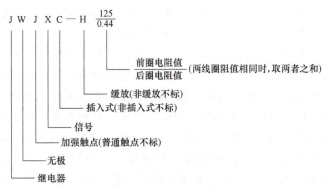

图 2-3 安全型继电器表示法

表 2-1 继电器型号的文字符号含义

代号	含义		代号	含义	
	安全型	其他类型		安全型	其他类型
A	—	安全	R	—	二元
B	—	半导体	S	—	时间、灯丝、双门
C	插入	插入、传输、差动	T	—	通用、弹力
D	—	单门、动态	W	无极	
DB	单闭磁	—	X	信号	
H	缓放	缓放	Y	有极	信号、小型
J	继电器、加强接点	继电器、加强接点、交流	Z	整流	整流、转换
P	偏极	—			

（2）安全型继电器的特点　AX 系列安全型继电器是直流 24V 系列的重弹力式直流电磁继电器，其典型结构为无极继电器，其他各型号都是由其派生而成的。因此，绝大部分零件都能通用。

1）插入式和非插入式的区别是外观上是否有防尘罩，前者单独使用，后者装于匣内使用。

2）安全型继电器的品种包括无极、无极加强触点、无极缓放、无极加强触点缓放、整流式、有极、有极加强、偏极、单闭磁等 5 种 9 类 20 品种及 3 个派生品种。

（3）安全型继电器的结构和动作原理

1）前触点代表危险侧信息。

2）后触点代表安全侧信息。接点符合：故障导向安全原则：发生安全侧故障的可能性远远大于发生危险侧故障的可能性，处于禁止运行的状态的故障有利于行车的安全称为安全侧，处于允许运行状态的故障可能危及行车安全，称为危险侧故障。在故障情况下，前触点闭合的概率远远小于后触点闭合的概率。

（4）安全型继电器的寿命

电寿命：$2\times10^{(5\sim6)}$；机械寿命：10×10^6。

2. 安全型继电器的结构和动作原理

（1）无极继电器　无极继电器有 JWXC-2000、JWXC-1700、JWXC-1000、JWXC-7、JWXC-2.3 及缓放的 JWXC-H600、JWXC-H340 等品种。

1）直流无极继电器的结构。JWXC 型直流无极继电器的结构如图 2-4 所示。无极继电器由电磁系统和触点系统两大部分组成。电磁系统包括线圈、铁心、轭铁和衔铁。

2）无极继电器的动作原理。无极继电器的电磁系统为无分支磁路，如图 2-5 所示。在线圈上加上直流电压后，线圈中的电流 I 使铁心磁化，在铁心内产生工作磁通 Φ，它由铁心极靴处经过主工作气隙 δ 进入衔铁，又经过第二工作气隙 δ' 进入轭铁，然后回到铁心，形成一闭合回路。在工作气隙 δ 处，由于磁通 Φ 的作用，铁心与衔铁间产生电磁吸引力 F_D，当 F_D 大到足以克服机械负载的阻力 F_j（主要是衔铁自重）时，衔铁即与铁心吸合。此时衔铁通过拉杆带动动触点运动，使后触点断开，前触点闭合。

当线圈中的电流减小时，铁心中的磁通按一定规律随之减小，吸引力也随着减小。当电流小到一定值时，它所产生的吸引力小于机械负载的阻力时，衔铁离开铁心，被释放。此时拉杆带动动触点运动，使前触点断开，后触点闭合。

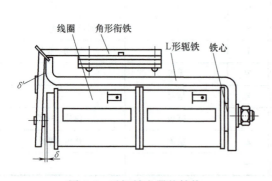

图 2-4　无极继电器的结构

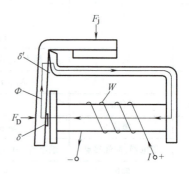

图 2-5　无极继电器磁路

（2）整流式继电器　整流式继电器应用于交流电路中，其电磁系统、触点系统及动作原理与直流无极继电器相同，在直流无极继电器的基础上增加整流电路，一般采用 4 个二极管组成的桥式整流电路，如图 2-6 所示，将交流电源整流后输入继电器线圈。安全型继电器有多种类型可满足城市轨道交通信号电路的不同需求，经过现场多年的运用考验证明其安全可靠、性能稳定，是目前我国城市轨道交通信号的重要基础设备之一。

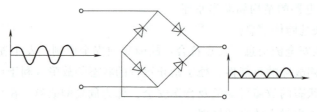

图 2-6　桥式整流电路

整流式继电器的线圈、整流器与电源片连接如图 2-7 所示。

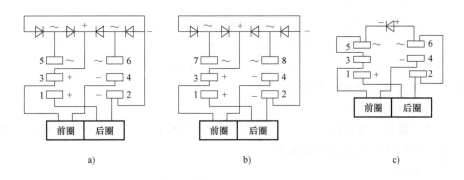

图 2-7 整流式继电器的线圈、整流器与电源片连接

a) JZXC-H156 及 JZXC-H18 b) JZXC-480 c) JZXC-0.14

整流式继电器触点系统的结构与无极继电器相同,零部件全部通用,只是触点的编号有区别。

整流式继电器的动作原理与无极继电器相同,但由于交流电源通过整流后使继电器动作,在线圈上加的是全波或半波的脉动直流电,这些脉动电流存在交变成分,使电磁吸引力产生脉动,工作时发出响声,对继电器正常工作带来不利影响。

整流式继电器有 4 种规格:JZXC-480、JZXC-0.14、JZXC-H156、JZXC-H18 及派生的 JZXC-H18F。

JZXC-480 型继电器的磁路具有加大的尺寸,这是为了增大返还系数(加大止片厚度)而不使工作值增加很多。它具有不规则的 4QH 与 2Q 触点组。在触点组上,安装有二极管 2CP25 组成的桥式全波整流电路。

JZXC-0.14 型继电器的电磁系统与 JZXC-480 相同。两线圈并联连接,有 4QH 触点组,触点组上方安装由 2CZ-1 型二极管组成的半波整流电路。

JZXC-H156 与 JZXC-H18 型继电器为具有缓放特性的整流式继电器,其采用铜线圈架,触点系统为 4QH 触点组。在触点组上方,安装由二极管 2CP25 组成的桥式全波整流电路。JZXC-H18F 是 JZXC-H18 的派生型号,具有防雷性能,以保护整流二极管免遭击穿。

(3) 有极继电器

1) 有极继电器根据线圈中电流极性不同而具有定位和反位两种稳定状态,这两种稳定状态在线圈中电流消失后,仍能继续保持,故又称极性保持继电器。

2) 电磁系统中增加了永久磁钢。在线圈中通以规定极性的电流时,继电器吸起,断电后仍保持在吸起位置;通以反方向电流时,继电器落下,断电后保持在落下位置。

(4) 偏极继电器

1) 为满足信号电路中鉴别电流极性的需要设计的。

2) 衔铁的吸起与线圈中电流的极性有关,只有通过规定方向的电流时,衔铁才吸起,而电流方向相反时,衔铁不动作。

3) 与有极继电器不同,只有一种稳态。

4) 铁心的极靴是方形的,在方极靴下用两个螺钉固定永久磁钢,使衔铁处于极靴和永久磁钢之间,受永磁力的作用偏于落下位置。

(5) 交流二元二位继电器

1) 两个互相独立又互相作用的交变电磁系统，继电器有吸起和落下两种状态。

2) 交流二元二位继电器分为 25Hz 和 50Hz 两种。

3) 城市轨道交通使用 50Hz 二元二位继电器作为 50Hz 相敏轨道电路中的轨道继电器，具有可靠的频率选择性和相位选择性。

3. 安全型继电器的特性

安全型继电器的特性包括电气特性、时间特性和机械特性。这些特性用来表征继电器的性能，是使用和检修继电器的重要依据。

(1) 电气特性

电气特性是安全型继电器的基本性能，也是设计和实现信号逻辑电路的依据。电气特性包括额定值、充磁值、释放值、工作值、反向工作值、转极值、反向不工作值。

1) 额定值。其是满足继电器安全系数所必须接入的电压或电流值。

AX 系列继电器的额定电压为直流 24V，当作为轨道继电器、灯丝继电器、道岔启动继电器时除外。

2) 充磁值。为了测试继电器的释放值或转极值，预先使继电器电磁系统磁化，向其线圈通以 4 倍的工作值或转极值。这样可使继电器磁路饱和，在此条件下测试释放值或转极值。

3) 释放值。向继电器通以规定的充磁值，然后逐渐降低电压或电流，至全部前触点断开时的最大电压或电流值。

4) 工作值。向继电器线圈通电，直到衔铁止片与铁心接触、全部前触点闭合，并满足规定接点压力时所需要的最小电压或电流值。此值是继电器的电磁系统及触点系统刚好能工作的状态，一般规定工作值不大于额定值的 70%。

5) 反向工作值。向继电器线圈反向通电，直到衔铁止片与铁心接触、全部前接点闭合，并满足接点压力时所需要的最小电压或电流值。造成反向工作值大于工作值的原因是磁路剩磁影响，反向工作值一般不大于工作值的 120%。

6) 转极值。使有极继电器衔铁转极的最小电压或电流值，又分为正向转极值和反向转极值。

① 正向转极值是使有极继电器的衔铁转极，全部定位触点闭合，并满足规定触点压力时的正向最小电压或电流值。

② 反向转极值是使有极继电器的衔铁转极，全部反位触点闭合，并满足规定触点压力时的反向最小电压或电流值。

7) 反向不工作值。向偏极继电器线圈反向通电，继电器不动作的最大电压值。

释放值与工作值之比称为返回系数。返回系数对于信号继电器有着特别重要的意义，返回系数越高，标志着继电器的落下越灵敏。规定普通继电器的返回系数不小于 30%，缓放型继电器不小于 20%，轨道继电器不小于 50%。

(2) 时间特性

1) 电磁继电器的电磁系统是具有铁心的电感，在接通或断开电源时，由于电磁感应作用，在铁心中产生涡流，在线路中产生感应电流。这些电流产生的磁通阻碍铁心中原来的磁通的变化，所以电磁继电器或多或少地都具有一些缓动的时间特性。

2）在各种继电器控制的电路中，由于它们完成的作用不一样，对继电器的时间特性要求也不一样，如果不能满足对时间特性的要求，控制电路便不能正常工作。因此不仅要了解继电器固有的时间特性，而且还要按电路的要求，设法改变继电器的时间特性。

3）从线圈通电到衔铁动作带动后触点断开、前触点接通，需要一定的时间。从线圈断电到衔铁动作带动前触点断开、后触点接通，也需要一定的时间。即吸合需要时间，释放也需要时间。

4）吸合时间指从向继电器通入额定值起至全部前触点闭合所需的时间（包括通电至后接点断开的吸起起动时间和从后触点断开到前触点闭合的衔铁运动时间）。返回时间指向继电器通入额定值，从线圈断电时至前触点断开所需的时间（包括断电至前触点断开的缓放时间和从前触点断开至后接合闭合的衔铁运动时间）。继电器都是缓动的，但其缓吸、缓放时间都非常短。

（3）机械特性

1）对于安全型继电器来说是由衔铁（及重锤片）的重力和触点簧片的弹力组成的力称为机械力。

2）如图2-8所示，继电器的机械力 F_J 是随着衔铁与铁心间的气隙 δ 的变化而变化的，$F_J=f(\delta)$ 的变化关系称为继电器的机械特性。表示这种变化关系的曲线，称为机械特性曲线。

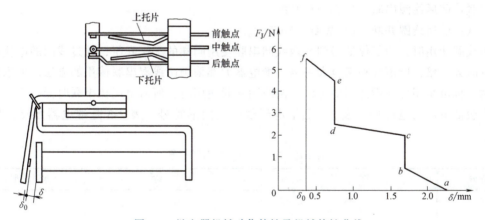

图 2-8　继电器机械动作特性及机械特性曲线

2.4　继电器的应用

应用继电器可构成各种控制和表示电路，这些控制和表示电路统称继电电路。

1. 电路中选择继电器的一般原则

根据电路要求，按继电器的主要参数和指标进行选择：

1）继电器类型和线圈电阻应能满足各种电路的具体要求。

2）电路中串联使用继电器时，其串联的数量应满足各继电器正常工作电压的要求。

3）继电器触点最大允许电流不应小于电路的工作电流，必要时可采用触点并联的方法。

4) 继电器的触点数量不能满足电路要求时，应设复示继电器，复示继电器应能及时反映主继电器的动作状态。

5) 电路中串联继电器触点时，要使串联继电器触点的接触电阻不影响电路的正常工作。

2. 继电器的表述

（1）继电器的名称　根据主要用途和功能命名，如按钮继电器为 AJ。

（2）继电器的定位

1) 继电器的定位状态必须和设备的定位状态一致，如信号机以关闭为定位状态，道岔以开通为定位状态，轨道电路以空闲为定位状态。

2) 继电器的落下状态必须与设备的安全侧相一致，满足故障导向安全原则，如信号继电器落下——信号机关闭，轨道继电器的落下——轨道电路被占用。在电路中，凡是以吸起为定位状态的继电器，其触点和线圈均以符号"↑"表示，凡是以落下为定位状态的继电器，其触点和线圈均以符号"↓"表示。

（3）继电器的符号　对于线圈，必须注明其定位状态箭头和线圈端子号；对于其触点，只需标出其触点组号，而不必详细标明动、前、后触点号，但必须标出箭头方向。

3. 继电器线圈的使用

继电器线圈的使用必须满足继电器的工作安匝和释放安匝。

串联：前后线圈串联，如 JWXC-1700。

并联：前后线圈并联，如 JWXC-850/850。

单线圈使用时，为了保证得到与两线圈串联使用同样的工作安匝，通过线圈的电流必须比串联时大一倍，所消耗功率也大一倍。继电器大都采用两线圈串联使用的方法。但当电路需要时，也可采用分线圈使用的方法。两线圈并联使用时，所需电压比串联时低一半，一般使用在较低电压的电路中，表 2-2 是继电器线圈的图形符号，表 2-3 是继电器触点的图形符号。

表 2-2　继电器线圈的图形符号

序号	符　号	名　　称	说　明
1	○	无极继电器	
	⊖		两线圈分接
2	◐	无极缓放继电器	
3	◓		单线圈缓放
4	⊘	无极加强继电器	
5	⊘	有极继电器	

(续)

序号	符号	名称	说明
6		有极加强继电器	
			两线圈分接
7		偏极继电器	
8		整流式继电器	

表 2-3 继电器触点的图形符号

序号	符号		名称	说明
	标准图形	简化图形		
1			前触点闭合	
2			后触点断开	
3			前触点断开	
4			后触点闭合	
5			前、后触点组	前触点闭合 后触点断开
				前触点断开 后触点闭合
6			极性定位接点闭合	
7			极性定位触点断开	
8			极性反位触点闭合	
9			极性反接触点断开	
10			极性定、反位触点组	定位触点闭合 反位触点断开
				定位触点断开 反位触点闭合

2.5 继电器的基本电路

根据继电器触点在电路中的连接方式,继电电路可分为串联电路、并联电路和串并联电路、自闭电路几种基本形式的电路。

1. 串联电路和并联电路

(1) 串联电路 串联电路指继电器触点串联连接的电路,其功能是实现逻辑"与"的运算。图 2-9 所示为串联电路,电路中 3 个触点必须同时闭合才能使继电器 DJ 吸起。从逻辑功能来看,触点在电路中的串接顺序是任意的,而且动触点是否接向电源也是任意的;但从工程角度出发,应考虑触点的有效使用,如 AJ 的后触点可用在别的电路中。

(2) 并联电路 由几个继电器触点并联连接的电路称为并联电路,它的功能是实现逻辑"或"运算。如图 2-10 所示为 3 个触点并联的并联电路,其中任一个触点闭合都会使继电器 DJ 吸起。从工程角度看,也要考虑触点组的有效利用。

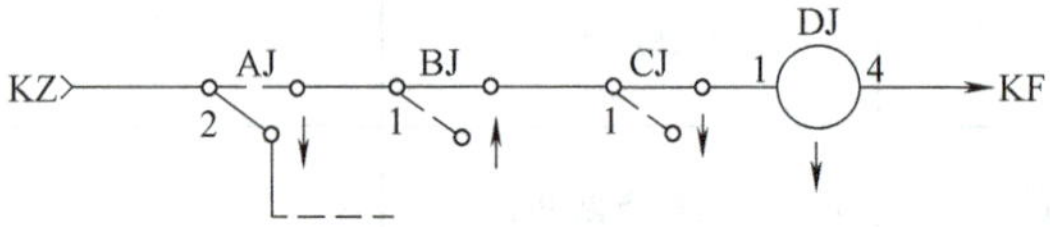

图 2-9 串联电路 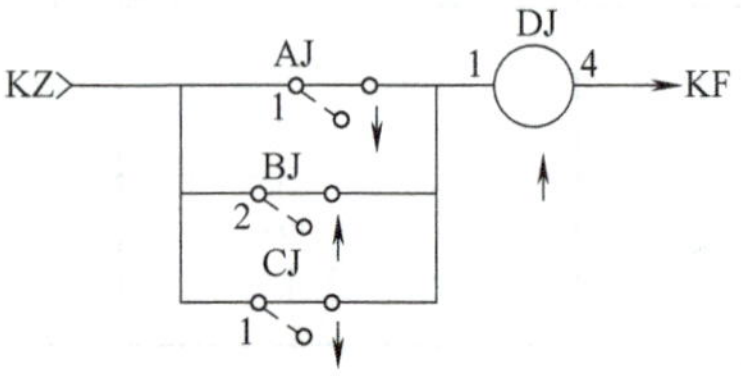 　　　　　　　图 2-10 并联电路

2. 串并联电路

根据逻辑功能的要求,在电路中有些触点串联,有些触点并联,这类电路称为串并联电路,如图 2-11 所示。

3. 自闭电路

在继电器构成的控制系统中,常需要将某一动作记录下来为以后的过程做准备。例如图 2-12 所示的按钮继电器电路,按下自复式按钮 A 后,继电器 AJ 经过励磁电路吸起。但松开按钮后,继电器就不能保持吸起。为此,增加由自身前触点构成的电路,使按钮松开后,继电器不落下,这条由自身前触点构成的电路称为自闭电路。有了自闭电路后继电器就有了记忆功能。当然,当它完成任务后,就必须由表示该任务完成的继电器触点使其复原。

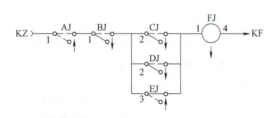

图 2-11 串并联电路 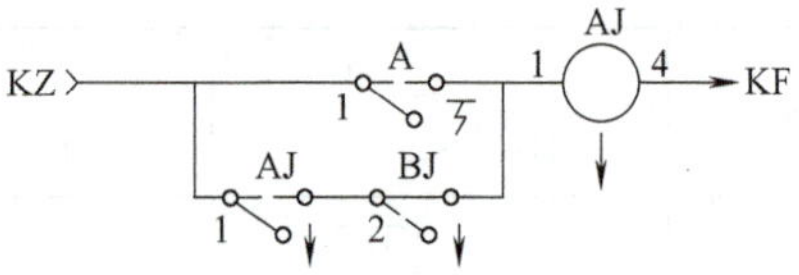 　　　　　　　图 2-12 自闭电路

第3章

轨 道 电 路

3.1 轨道电路概述

轨道电路是利用钢轨线路和钢轨绝缘构成的电路。它用来监督线路的占用情况,自动地和连续地将列车的运行和信号设备联系起来,即通过轨道电路向列车传递行车信息,在线路上安设的电路式的装置。轨道电路是信号的重要基础设备,它的性能直接影响行车安全和运输效率。对于城市轨道交通,轨道电路不仅用来检测列车是否占用线路,更重要的是要传输ATP信息。

3.2 轨道电路的构成

轨道电路是以铁路线路的两根钢轨作为导体,两端加以机械绝缘(或电气绝缘),用引接线连接电源和接收设备所构成的电气回路。最简单的轨道电路如图3-1所示。

1. 导体

轨道交通系统的两条钢轨是传输轨道电流的导体。在两节钢轨的接头处,为了减少钢轨与钢轨夹板间的接触电阻,用连接线连接。

2. 钢轨绝缘

钢轨绝缘安装在相邻两个轨道电路衔接处,以保证相邻轨道电路在电气上的可靠隔离。钢轨绝缘多采用机械强度高、绝缘性能好的材料,在钢轨与夹板间垫有槽形绝缘板,夹板螺栓与夹板之间装有绝缘套管和绝缘垫圈。在两个钢轨衔接的断面间还夹有与钢轨断面相同的轨端绝缘。

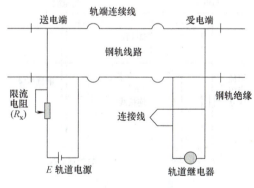

图 3-1 最简单的轨道电路

3. 送电设备

轨道电路的送电设备可以是电源(用于向轨道电路供电),也可以是能够发送一定信息的电子设备(通过轨道电路向列车传递行车信息)。

4. 受电设备

轨道电路的受电设备可以是轨道继电器，用于反映轨道电路范围内有无列车、车辆占用和钢轨是否完整。当轨道电路中包含控制信息时，轨道电路的受电设备也可以是能够接收并鉴别电流特性的电子设备，能够根据接收到的不同特性的电流，令有关继电器动作。

5. 限流电阻

限流电阻是一个可调电阻器，连接在轨道电路电源端，用来调整轨道电路的电压。当轨道电路被列车车辆的轮对分路时，能够防止输出电流过大而损坏电源。

3.3 轨道电路的基本原理

1. 轨道电路的工作原理

（1）轨道电路的状态　轨道电路可以分为三种状态：调整状态（见图3-2），分路状态（见图3-3）和断轨状态（见图3-4）。

1) 调整状态：
① 轨道电路空闲。
② 线路完整。
③ 受电端正常工作。

2) 分路状态：
① 两钢轨被列车轮对连接。
② 轨道电路受电端设备反映轨道被占用。

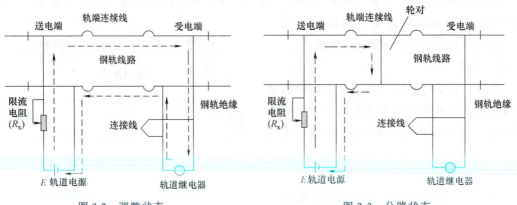

图3-2　调整状态　　　　　　　图3-3　分路状态

3) 断轨状态：
① 轨道电路的钢轨被折断。
② 轨道电路受电端设备反映钢轨断轨。

（2）轨道电路的具体工作过程

1) 轨道电路的送电设备设在送电端，由轨道电源 E 和限流电阻 R_x 组成，限流电阻的作用是保护电源不致因过负荷而损坏，同时保证列车占用轨道电路时，轨道继电器可靠落下。接收设备设在受电端，一般采用继电器（称为轨道继电器），由它来接收轨道电路的信号电流。

2）当轨道电路区段空闲时，轨道电源 E 输出的电流经过一根钢轨线路，送至轨道继电器 GJ；再经另一根钢轨线路、限流电阻回到轨道电源，使轨道继电器得到电流而衔铁励磁吸起。当轨道电路区段有列车占用时，电流同时通过轮对和轨道继电器线圈，但由于轮对电阻比轨道继电器线圈电阻小得多，使轨道电路形成短路状态，因而流经轨道继电器 GJ 线圈的电流减小到它的落下值，使衔铁失磁落下。轨道电路能否正常工作，直接关系到列车的行车安全和行车效率。

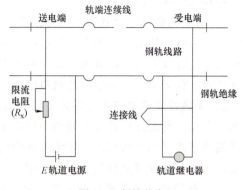

图 3-4　断轨状态

3）当轨道电路内钢轨完整且没有列车占用时，轨道继电器吸起，表示轨道电路空闲；当轨道电路被列车占用时，它被列车轮对分路，轮对电阻远小于轨道继电器线圈电阻，流经轨道继电器的电流大大减小，轨道继电器落下，表示轨道电路被占用。

2. 轨道电路的作用

轨道电路用于监督线路的占用情况，并可以向列车传输控制信息，将列车运行和信号显示等联系起来。对于城市轨道交通，轨道电路是信号系统的重要基础设备，直接影响行车安全和运输效率。

轨道电路的作用主要表现在以下两方面：

1）监督列车占用。利用轨道电路监督列车在正线或车辆段等线路的占用状态。轨道电路反映有关线路空闲时，为开放信号、建立进路、构成闭塞提供了依据；轨道电路被占用时，用于实现控制有关信号机的自动关闭，实现信号系统的自动控制。

2）传输行车信息。在正线上，根据列车的不同位置，有关闭塞分区的轨道电路传输不同的控制信息，实现对追踪列车的控制。带有编码信息的轨道电路是城市轨道交通信号系统车-地之间信息传输的通道之一。

3. 轨道电路的分类

（1）根据轨道电路传输的信息分类　根据轨道电路传输的信息，轨道电路可分为工频连续式轨道电路和音频轨道电路。其中，音频轨道电路又可分为模拟式音频轨道电路和数字编码式音频轨道电路。

1）按照所传输的电流特性不同，工频连续式轨道电路中传输连续交流电流，只能用于监督轨道的占用与否，不能传输对列车的控制信息。目前在城市轨道交通中应用较广泛的是 50Hz 相敏轨道电路。

2）模拟式音频轨道电路采用调幅或调频方式，可以传输较多信息，不仅能监督轨道的占用状态，还能反映列车运行前方三个或四个闭塞分区的占用情况。

3）数字编码式音频轨道电路采用数字调频方式，可以传输更多的信息，编码中包含了速度码、线路坡度码、闭塞分区长度码、纠错码等。

（2）按工作方式分类　轨道电路按工作方式可分为开路式轨道电路和闭路式轨道电路。

（3）按轨道电路的分割方式分类　按轨道电路的分割方式可将轨道电路分为有绝缘轨

道电路和无绝缘轨道电路。

1) 有绝缘轨道电路利用钢轨绝缘实现本轨道电路与相邻轨道电路的电气隔离。钢轨绝缘在列车运行的冲击力作用下容易破损造成轨道电路故障，同时钢轨轨缝的存在，既增加了列车过接缝时乘客的不舒适感，又不利于牵引电流的回流输送。因此，在城市轨道交通中有绝缘轨道电路多用于车辆段内的轨道电路。

2) 无绝缘轨道电路在分界处不设置钢轨绝缘，轨道电路电流采用不同信号频率，根据谐振的原理，使谐振回路对不同频率呈现不同阻抗，实现对相邻轨道电路的电气隔离。这种电气隔离方式又称为谐振式。无绝缘轨道电路满足了城市轨道交通电化牵引和采用无缝线路的要求，在正线线路上得到了广泛应用。

(4) 按所传送的电流特性分类　轨道电路按所传送的电流特性可分为连续式、脉动式、交流计数电码式和数字编码式。

(5) 按是否包含道岔分类　轨道电路按是否包含道岔可分为无岔区段轨道电路和道岔区段轨道电路。

1) 无岔区段轨道电路内钢轨没有分支，结构简单，用于停车线、检车线、尽头线调车信号机接近区段以及两个差置调车信号机之间的线路。

2) 道岔区段轨道电路结构比较复杂，包含了岔前线路、岔后直向位置线路和岔后侧向位置线路。根据道岔结构，不仅有关钢轨、杆件要增加绝缘，还要增加道岔跳线和连接线，当分支超过一定长度时，还必须设置多个受电端。

(6) 按设置地点分类　轨道电路按设置地点可分为站内轨道电路和区间轨道电路。

(7) 按列车牵引方式分类　轨道电路按列车牵引方式可分为非电化区段轨道电路和电化区段轨道电路。

3.4　工频交流轨道电路

1. 工频交流轨道电路的定义及分类

工频交流轨道电路采用工频 50Hz 交流电源，有连续式轨道电路和相敏轨道电路。

(1) 工频交流连续式轨道电路　该电路以 JZXC-480 型继电器为轨道继电器，这种轨道电路实质上是交直流轨道电路，电源是交流电，钢轨中传输的是交流电，而轨道继电器是整流继电器。

(2) 50Hz 相敏轨道电路　该电路属于城市轨道交通的交流工频电路，只有监督列车占用的功能，不能传输其他信息，一般只用于车辆段。

用于城市轨道交通的工频交流轨道电路有 50Hz 相敏轨道电路（有继电式和微电子式，其中不注明时即指继电式）和 PF 轨道电路（只有监督列车占用的功能，不能传输其他信息）。下面以 50Hz 相敏轨道电路为例介绍工频交流轨道电路，其结构如图 3-5 所示。

2. 工频交流轨道电路的组成

(1) 送电端　送电端一般安装在室外变压器箱内，包括 BG_5-D 型轨道变压器、R-2.2/220 型变阻器、熔断器，轨道电源从室内通过电缆送至送电端。

(2) 受电端　受电端包括安装在室外变压器箱内的 BZ-D 型中继变压器、R-2.2/220 型变阻器、熔断器，安装在室内组合架上的电容器、防雷元件、交流二元继电器。

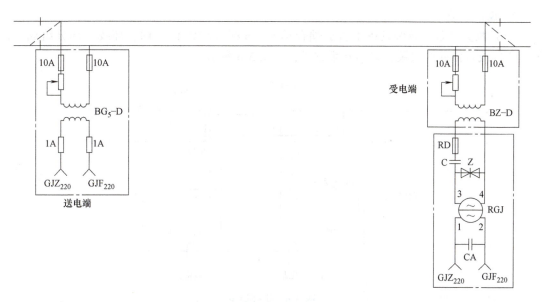

图 3-5 50Hz 相敏轨道电路结构

在受电端中，电容器 C 用于隔离直流，不使牵引电流进入轨道继电器的轨道线圈，并能够减少轨道电路的传输衰耗和相移；电容器 CA 起补偿作用，以提高轨道继电器局部线圈的功率因数，降低输入电流；防雷元件 Z 是对接的硒片，称为浪涌抑制器，用于防雷。

(3) 绝缘　钢轨绝缘设置于轨道电路分界处，用于隔离相邻的轨道电路。

(4) 接续线和引接线　接续线用于连接相邻钢轨，引接线用于将变压器箱或电缆盒接向钢轨。

(5) 回流线　回流线连接相邻的不同侧钢轨，为牵引回流提供越过钢轨绝缘节的通路。

3. 工频交流轨道电路的工作原理

1) 电源屏分别提供 50Hz 轨道电源和局部电源。

2) 送电端轨道电源 GJZ_{220}、GJF_{220} 经轨道变压器降压后送至钢轨。

3) 受电端钢轨电压经中继变压器升压后送至轨道继电器的轨道线圈 3-4 端子。轨道继电器的局部线圈 1-2 接局部电源 GJZ_{220}、GJF_{220}。

4) 当轨道继电器 RGJ 的轨道线圈和局部线圈电源满足规定的相位和频率要求时，RGJ 吸起，轨道电路处于调整状态，表示轨道区段空闲。

5) 列车占用使轨道区段处于分路状态时，RGJ 落下。当轨道电源和局部电源频率、相位不符合时，RGJ 也落下。

交流二元继电器的特性使 50Hz 相敏轨道电路具有相位鉴别能力，即相敏特性，因此其抗干扰性能高。

3.5　音频轨道电路

音频轨道电路是联锁逻辑处理单元和车载设备之间的通信接口，实现了正线区段轨道电路占用检测以及地对车的 ATP 数字信号传输的双重功能。

1. 设备组成

（1）轨旁设备　轨旁设备由轨道耦合单元、S棒（棒线）和耦合环线三部分组成，在轨道之间或者沿轨旁安装，采用互耦方式，如图3-6所示。

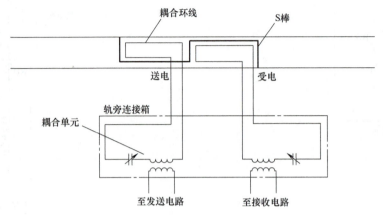

图 3-6　轨旁设备

图3-6中轨道耦合单元，将轨道信号连接到控制机箱的接收和发送电路，并调谐轨道电路的载频频率。每个耦合电路由变压器和可调电容组成槽路。棒线置于两钢轨之间，端点焊接于钢轨上，形成S形。一匝导线构成的环线与"S棒"耦合，并与室内控制柜的辅助板相连。发送的轨道信号电流通过棒线感应到钢轨，由列车车载设备接收。

（2）室内设备　室内设备主要是安装在室内控制柜内的控制机箱，如图3-7所示，每个机箱内包括多个PCB，每个轨道电路包括控制板、辅助板、电源板。

图 3-7　控制机箱

控制板产生具有ATP功能的数字编码信息；辅助板将控制板产生的信息放大发送至室外，并接收来自轨道的信息；电源板提供控制板和辅助板工作所需的电源。

2. 工作原理

（1）对列车的检测　音频系统不间断地向轨道发送数字编码信息，并监视其接收器感应到的信号，作为对列车占用的检测。利用音频信息的标题位（前8位）作为列车检测的信号，固定为01111110。发送端通过耦合单元发送至钢轨，接收端由轨道接收器检测该信号，并设置门限值。

当轨道电路空闲时，被检测到的信号幅度在门限值以上；当列车进入轨道电路时，所接收到的信号被分路，其幅度降至门限值以下，表示轨道电路被占用；由于其他原因造成轨道电路短路、断路时（如路基潮湿），也会使接收到的信号低于预定的阈值，或者生成错误的轨道ID。

按照故障导向安全原则，被检测到的信号幅度在门限值以上时，AF-904 控制板向联锁单元传递"空闲"信息，否则向联锁单元传递"占用"信息，从而完成列车检测功能。

（2）发送 ATP 信息　音频系统与联锁系统之间通过 RS485 接口进行通信，接收来自联锁系统的信息（如目标速度、目标距离等），再加上本轨道区段信息（如轨道电路 ID、线路速度等）构成复合信息。辅助板将复合信息形成的报文帧，结合机笼后面的方向继电器以 FSK 调制方式将报文送至耦合电路，经环线与"S 棒"耦合，由车载 ATP 设备接收、解码、校验，执行 ATP 功能，从而完成数字车载信号的传输功能。

3.6　道岔区段轨道电路

1. 道岔区段轨道电路结构的特点

（1）轨道电路内部增设绝缘　除各种杆件、转辙机安装装置等要加装绝缘外，还要加装切割绝缘（称为道岔绝缘），用于防止轨道电路在调整状态下被辙叉分路。根据需要，道岔绝缘可以装设在道岔的直股钢轨上，也可以装设在侧股钢轨上。

（2）轨道电路内增设跳线　为了保证信号电流的畅通，道岔区段轨道电路除了装设轨端接续线、引接线外，还需在尖轨与基本轨以及两外侧的基本轨之间增设道岔跳线，用于保证调整状态下构成闭合回路。

（3）采用一送多受轨道电路　由于具有分支电路，线路不仅包括道岔的直向部分线路，还包括侧向部分线路，道岔区段可采用一送多受轨道电路，包括一送双受或一送三受。一送双受轨道电路如图 3-8 所示。

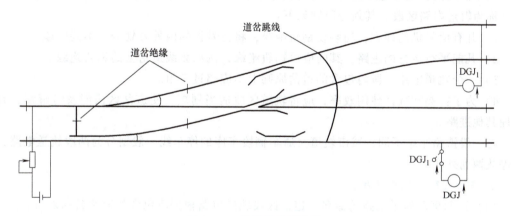

图 3-8　一送双受轨道电路

采用一送多受轨道电路时，应注意以下问题：
1）与停车线相衔接的道岔轨道电路的分支末端，应设置受电端。
2）道岔区段分支长度超过 65m 时，该分支末端应设置受电端。
3）一送多受轨道电路最多不应超过三个受电端，必要时应分为两个轨道电路。
4）一送多受轨道电路任一地点有车占用时，必须保证有一个受电端被分路。

2. 道岔区段轨道电路的工作原理

（1）调整状态　道岔区段设备完好、没有车占用时，DGJ 处于吸起状态。

(2) 分路状态　道岔区段有车占用时，DGJ 处于落下状态。

(3) 断轨状态　道岔区段断线或直股断轨时，DGJ 处于落下状态；侧股断轨时，由于 DGJ 落下，使 DGJ 处于落下状态。

综上所述，尽管道岔区段轨道电路具有分支，但其仍然是利用一个继电器（即 DGJ）表示轨道电路的工作状态。

3. 道岔区段轨道电路的作用

1) 设置道岔区段轨道电路的主要作用是监督道岔区段是否有车占用，将 DGJ 触点应用于车站联锁电路和道岔控制电路中，从而确保有车占用或有列车及调车车列通过时，道岔区段内所有的道岔均处于锁闭状态，避免列车、调车车列运行过程中由于道岔中途转换造成脱轨或进入异线的事故发生。

2) 道岔区段轨道电路与车站联锁设备的表示灯电路相结合，在监督占用的同时，使控制台显示的"红光带"或"白光带"能够表示相应轨道区段内道岔的开通方向，为操作人员提供了更直观的道岔状态信息。

3.7　轨道电路的划分和命名

1. 正线轨道电路的划分

正线大多采用无绝缘轨道电路，每隔一定距离划分一个闭塞分区。

2. 车辆段轨道电路的划分

在车辆段内，轨道电路之间采用钢轨绝缘把两个轨道电路划分为互不干扰的独立电路单元，称为轨道电路区段。其划分原则如下：

1) 凡有信号机的地方，均装设钢轨绝缘，将信号机的内外方划分为不同区段。

2) 凡能平行运行的进路，其间应设钢轨绝缘，例如渡线道岔上的钢轨绝缘。

3) 一个轨道电路区段内包含的道岔原则上不应超过三组。

4) 为了提高咽喉区使用效率，应将轨道区段适当划短，使道岔区段能及时解锁，允许办理其他进路。

与一般铁路车站不同，城市轨道交通车辆段车库的停车线一般划分为两段轨道电路，允许停放两列列车。

3. 车辆段轨道电路的命名

(1) 道岔区段轨道电路的命名　道岔区段轨道电路根据所包含的道岔名称来命名。

1) 包含一组道岔：如图 3-9 中包含 6 号道岔的轨道区段为 6DG。

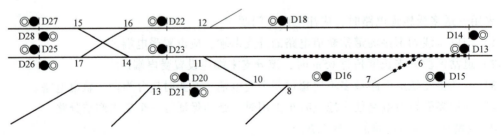

图 3-9　轨道电路的命名

2）包含两组道岔：如图3-9中包含15、16号道岔的轨道区段为15-16DG，包含8、10号道岔的轨道区段为8-10DG。

3）包含三组道岔：当轨道区段中包含三组道岔时，取其中最大和最小道岔号命名。例如道岔区段包括3、8、10道岔，其名称为3-10DG。

（2）无岔区段轨道电路的命名

1）停车线股道轨道电路：按照股道编号命名，一般停车线划分为两个轨道区段，可停放两列列车。例如1道的两个轨道区段分别称为1A、1B。

2）进、出段口处的无岔区段：根据其功能等命名，其进、出车辆段处的轨道电路为转换轨，分别命名为ZHG1、ZHG2。

3）牵出线等处调车信号机外方的接近区段：在调车信号机名称后加"G"表示。例如牵出线D15信号机前方的轨道电路为D15G。

4）位于咽喉区的无岔区段：以两端道岔编号写成分数形式加"G"表示。例如D10与D12间的无岔区段为3/4G，D14与D18间的无岔区段为4/12G。

第4章

计轴设备及应答器

4.1 计轴设备概述

由于电气化铁路的牵引电流回流与轨道电路共用一个通道,强电流对弱电流的干扰是不可避免的。随着电力机车变流控制技术的发展,牵引电流的高次谐波对轨道电路的干扰影响越来越大。此外,轨道电路的工作状态还严重依赖于道床状态,在道床电阻很低的场合,无论何种轨道电路都无法正常工作。因此,在一些站内轨道电路分路不良及雨季"红光带"等特殊情况下,使用计轴器作为检测轨道区段是否空闲的装置是非常有必要的。

计轴技术是以计算机为核心,辅以外部设备,利用统计车辆轴数来检测相应轨道区段占用或空闲状态的技术。发达国家的计轴技术起步比较早,并已开发出技术成熟的产品推广使用,如阿尔卡特公司、德国西门子公司等都在开发和使用计轴系统。

4.2 计轴器的作用

1) 计轴器通过计算车辆进出区段的车轴数来监督列车占用。
2) 在 CBTC 城轨线路无线设备故障时用计轴器检查列车位置,构成"降级"信号。

4.3 计轴器的构成

1. 传感器

1) 将机车、车辆通过的车轴数转换成电脉冲信号。
2) 电磁式传感器由磁头、发送器、接收器三部分组成。
3) 磁头有一个发送线圈和一个接收线圈分别装在钢轨的两侧。

2. 计数比较器

1) 主要由计数器、鉴别器、比较器组成。
2) 将进出两个计轴点之间的车轴电脉冲信号进行计数和比较。

概述:电子计轴器包括室外及室内部分(信号楼或控制中心),室外部分包括地面传感器(计数点)、电缆盒、传输电缆;室内部分主要是信号处理电路及计数处理电路。一个计轴区段在入口和出口各设一套轨旁设备(传感器、电缆盒等),同时在控制中心各设有对应的计数器。设在控制中心的计轴运算器把入口和出口的轴数进行比较进而判断轨道区段的状态，图 4-1 所示为计轴器的构成。

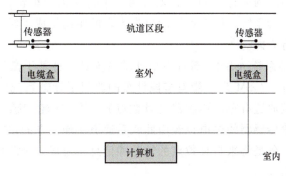

图 4-1 计轴器的构成

4.4 计轴系统的基本原理

计轴系统的工作原理如下：

1）当车轮进入始端轨道传感器作用区时，传感器发出电脉冲信号给计数器，开始加轴运算。

2）当车轮进入末端轨道传感器作用区时，传感器同样发出电脉冲给计数器，进行减轴运算。

3）当计数器为 0 时，表明此时区间无车；当计数器不为 0 时，则表明此时区间有车占用。

当有列车驶入区段时，入口计数器（初值为零）开始计轴，计轴运算器把入口计数器和出口计数器（初值为零）所计的轴数相减，这时的轴数随列车进入数量的增加而增加；当列车完全进入区段后，轴数不变；当列车开始从出口驶出时，出口的计数器开始计数，这时计轴运算器的数值随列车驶出数量的增加而减少。列车完全出清本区段（即驶出的轴数与进入的轴数相等）时，轴数等于零。

电子计轴器已经历了近 20 年的发展，有适应于各种情况的多种类型。这里选择最有代表性的 ZP43 型地面传感器（计轴点）及微计算机计轴系统 AzSM 作为例子说明。

（1）电子计轴点 ZP43　西门子公司开发的电子计轴点 ZP43 在计轴系统中作为传感装置。ZP43 对电磁干扰不敏感，安装方便。由于其具有高机械稳定性及恒定的电气参数，所以几乎不需维护保养。

计轴点是计轴系统的车轮识别点。它位于轨道区段分界点处。装在这个位置上的传感元件、轨旁设备、电缆接线盒组成一个功能单元，称为计数点 ZP。因车轮作用而在 ZP 中形成的脉冲或信号经由区间电缆传送至位于控制中心的计数单元。

计数点 ZP43 是一种车轮电磁识别装置，即在计数点作用范围内，一对车轮就可改变其交流电磁场的分布，并引发出一个计数脉冲。

每个计轴点 ZP43 包括一个带有固定联结电缆的轨旁设备与一个电缆盒。轨旁设备包括发送器和接收器，它们用两个固定螺栓与一块屏蔽金属板一起固定在轨腰上。由于结构上及生产上的措施，例如：玻璃纤维加强外壳、浸在聚氨酯泡沫中的空心线圈，使得其元件有特别强的抗机械应变的能力。

为了能判别列车不同的运行方向，必须有两个紧密相依的车轮识别系统。ZP43 的发送器和接收器外壳都有双套系统。两个系统间事先给定的距离构成了经由它们的时间差，由此时间差来判定列车运行方向。

（2）微计算机计轴系统 AzSM　微计算机计轴系统是一种基于微计算机的轨道区段空闲或占用检测的安全设备。AzSM 是"带有多段计数的西门子计轴系统"的英文缩写。在被检测轨道区段的始、终端放置有车轮传感器（计数点）。每个车轮传感器经由通信电缆与中央计数设备相连。对车轮传感器的供电也经由此联系通道实现。在固定方向上作为中央处理和监控的计数单元，其任务是将来自计数点的轴脉冲信息归总成一个总体结果以及给出每一个轨道区段的空闲或占用表示。

AzSM 的组成：其一，在所监控轨道区段两端的计数点；其二，最多包括 16 个计数点的计轴单元。

计数单元是一种基于微计算机系统的可靠的数据处理设备。其核心是经过安全性证明的计算机系统 SIMIS—3216，该系统有 3 个数据处理通道，3 个通道内的数据流同步。在结构上，计数单元装在 4 排框架上，组件用插入方式安装在框架上。

AzSM 的主要特征：其一，最多可接续 16 个计数点；其二，自动纠错；其三，经由联锁总线或调制/解调器向计算机服务器及维修中心给出故障表示。

在轨道区段的始、终端放置车轮传感器。它用以识别在该线路上驶过列车的所有车轮（轴）数以及运行方向。

4.5　应答器

1. 应答器的概念

应答器也称信标，它也是信号系统的基础设备，随着 ATC 系统的普及，应答器在城市轨道交通中得到广泛的应用。不同的应答器应用于不同的信号制式，而且名称也不相同，有"有源应答器"和"无源应答器"之分，也称之为"有源信标"和"无源信标"。

2. 应答器的作用

应答器的作用如下：

1）程序定位停车控制。
2）距离定位，也称"信标"。
3）CBTC 系统中检测列车位置。
4）工作过程。在点式 ATP 子系统中，利用设置在每个车站出站信号机处的应答器，向列车传送 ATP 信息；在基于模拟轨道电路的 ATC 系统中，利用设于区间和车站的应答器（也称为标志器），实现列车在车站的程序对位停车控制；在基于"距离定位"制式的 ATC 系统中用无源应答器进行列车定位校核，有源应答器用于车地信息交换。CBTC 系统中无源应答器主要用于列车定位校准，而有源应答器主要用于信号后备系统向列车传送点式信息。应答器由地面、车载两部分设备构成，其动作示意图如图 4-2 所示。

3. 应答器的分类

（1）地面应答器设备　信号系统为每一个地面应答器分配一个固定的坐标；地面应答器的主要功能是接收车载应答器天线传递的载频能量和向车载天线发送数据信息。地面应答器是一种可以发送数据报文的高速数据传输设备。地面应答器应能提供上行数据链路，实现地对车的数据传输。地面应答器应具有足够可用的固定信息容量，当与地面电子单元连接时，能提供实时可变的数据信息。

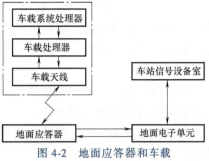

图 4-2　地面应答器和车载应答器的动作示意图

1) 地面电子单元（LEU）。地面电子单元是一种数据采集与处理单元，当有数据变化时（例如信号显示改变等），其将改变后的数据，形成报文传送给应答器进行发送。

2) 地面应答器。地面应答器有无源应答器和有源应答器两种；无源应答器向列车传送固定的信息；而有源应答器一般都与地面电子单元连接，通过连接的地面电子单元，实时更新地面有源应答器中存储的数据。地面无源应答器通过接收车载应答器天线传递的载频能量，获得电能量，使地面应答器中的信号发生器工作，然后将事先存储于地面应答器中的数据发送至车载天线。

有的城市轨道交通在车站的出站信号机处，设置有出站有源应答器，它根据车站联锁确定的列车发车进路状况，向列车传送列车运行方向及进路状态等信息。有源应答器和无源应答器示意图如图 4-3 所示。

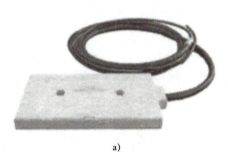
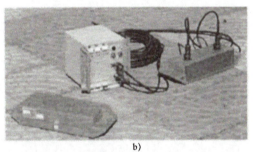

图 4-3　有源应答器和无源应答器示意图
a) 有源应答器　b) 无源应答器

（2）车载应答器设备　每个地面应答器对应于线路的某一个固定的坐标，所以列车收到地面应答器信息可以对列车行驶里程进行精确的定位及校正。列车收到前一个地面应答器的信息后，可判断该应答器的特性和位置。这些信息特性包括地面应答器所处的位置、位置参数的精度、列车的运行方向等；如果接收到的地面应答器的信息与预期的不同，车载应答器解码设备应有相应的表示或相应的输出，以便车载 ATP 设备做出相应的反应，并采取相应的安全措施。

车载应答器的主要功能：发送地面应答器需要的能量；接收来自地面应答器的信息；分析接收到的数据流，找出完整的报文、形成处理好的无错码报文、确定定位参考点、从车上向地面发送包括检查码在内的各种信息。

车载应答器设备包括车载系统处理器、车载处理器和车载天线等。

车载系统处理器是对地面应答器的数据进行处理的模块，由微处理器、滤波器和其他相关单元组成。车载系统处理器用于对地面应答器信息的接收、滤波、数字解调与处理，经处理的数据通过相应的接口，传送至相关的设备，如车载 ATP 设备，驾驶员显示单元或无线设备。

车载天线是一个双工的收发天线，既要向地面发送激活地面应答器的功率载波、还要接收地面应答器发送的数据报文。

车载处理器用于产生激活地面应答器所需的载频能量，并通过车载天线传递给地面应答器。

第5章

信 号 机

5.1 信号机概述

信号有广义和狭义两种含义。广义的信号是运输系统中，保证行车安全、提高区间和车站通过能力以及编解能力的手动控制、自动控制及远程控制技术的总称，它包括车站信号、区间信号、机车信号、道口信号等。狭义的信号是在行车、调车工作中，对行车有关人员指示运行条件而规定的物理特征符号。

5.2 信号机的分类

1. 视觉信号和听觉信号

视觉信号是以信号灯的颜色、显示数目及灯光状态等表达的信号，如地面信号机、手信号旗、信号牌等。

听觉信号是以声音的强度、长短等方式表示的信号，如机车鸣笛等。某地铁公司的《行车组织规则》中关于列车鸣笛的规定如下：

1）鸣笛的作用是发出警告或要求协助，长声为3s，短声为1s，音响间隔为1s；重复鸣示时，须间隔5s以上。

2）为避免对站内乘客及铁路沿途的居民造成滋扰，列车在正线上运行时只可在必要时鸣笛。

3）表5-1中的情况下必须按指定鸣示方式鸣笛。

表 5-1 列车鸣笛的鸣示方式表

情况	鸣示方式	情况	鸣示方式
表示看到手信号	1短声	列车倒车或退行时	2长声
发出警报（请求支援）	连续短声	呼唤信号（请求车站开放信号）	2短1长声
列车将不停站（通过开放站台）	1长声	回示起动信号	1短声
驶过危险信号之前	1短1长声	—	—

2. 固定信号和移动信号

固定信号是固定设置在规定位置的信号装置，如地面信号机等。移动信号是根据需要临时设置的信号装置，如实施临时限速时设置的限速告示牌和限速终止标牌等。

（1）固定信号的分类

1）按设置部位分类。可分为地面信号和机车信号。

地面信号是设于车站或区间固定地点的信号机或信号表示器，用来防护站内进路或区间闭塞分区以及道口。

机车信号设于机车驾驶室内，用来复示地面信号显示，已经逐步成为主体信号被使用。

2）按信号机构造分类。可分为色灯信号机和臂板信号机。

色灯信号机是用灯光的颜色、数目及亮灯状态表示信号含义的信号机。它具有昼夜显示一致、占用空间小等特点，但需可靠的交流电源。色灯信号机按信号机构的构造又分为探照式、透镜式、组合式以及 LED 式。

① 探照式色灯信号机的色灯信号机构有一个可随电流方向变化而转动的三色玻璃框，当某一种颜色玻璃对准灯泡时，就显示那种玻璃颜色的灯光，因而它的一组透镜可以显示红、黄、绿三种颜色灯光。探照式信号机光源利用充分、体积小，但光系统及变色机构较复杂。滤色片安装在金属框内，金属框由极性电磁机构带动可绕其轴转动，用以改变灯光信号的颜色。由于其旋转轴曾多次发生卡阻故障、没有故障导向安全功能、引起过信号显示升级故障等，探照式色灯信号机在我国已逐渐淘汰。国外探照式色灯信号机虽然没被取消，但在使用中非常注意高可靠性指标的控制。有的已经利用光纤将光从灯泡传到单灯信号机的镜面，而无需继电器或机械转动部件，可靠性非常高。

② 透镜式色灯信号机是以凸透镜组为集光器的色灯信号机。透镜组由无色的外透镜和有色的内透镜组成，显示的颜色取决于内透镜的颜色。它的每个灯位固定一种颜色，多种颜色由多个灯位完成显示，故又称多灯信号机。其主要优点是结构简单、维修容易，因而使用很广泛。但其光学系统存在一定的缺点，光通量不能充分利用，在曲线线段上不能连续显示。

③ 组合式色灯信号机是为了克服透镜式信号机的缺点而研制的新型信号机构。信号灯泡发出的光由反射镜会聚，经滤色片变成色光，再由非球面镜聚成平行光束，偏散镜折射偏散，能保证信号显示在曲线线段上的连续性。信号机构采用组合形式，一个灯位为一个独立单元，配一种颜色，使用时根据需要进行组合，故称为组合式色灯信号机。它是信号机比较理想的更新换代产品。

④ LED 式色灯信号机用发光二极管取代白炽灯泡和透镜组，采用铝合金机构组合而成，其显示距离远、寿命长、安全可靠，是节能、免维护的新型信号机。

臂板信号机是以臂板的形状、颜色、数目、位置表达信号含义的信号机。我国规定臂板呈水平位置为关闭，与水平位置向下夹 45°角为开放，夜间则以臂板信号机上的灯光颜色与数目来显示。臂板信号机须通过机械装置由人工开放，也有通过电动机开放的，后者称为电动臂板信号机。臂板信号机存在较多缺点，难以自动化，不能构成现代化信号系统，正在与所从属的臂板电锁器联锁设备一起被逐渐淘汰。

3）按用途分类。可分为信号机和信号表示器两大类。

信号机是表达固定信号显示所用的机具，用来防护站内进路、区间和危险地点，具有严格的防护意义。信号机按防护用途的不同又可分为进站、出站、进路、调车、驼峰、遮断、预告、复示等信号机，另有设于铁路平交道口的道口信号机。

信号表示器是对行车人员传达行车或调车意图的，或对信号进行某些补充说明所用的器具，没有防护意义。信号表示器按用途又分为发车表示器、调车表示器、进路表示器、发车线路表示器、道岔表示器、脱轨表示器等。

4）按地位分类。可分为主体信号机和从属信号机。

主体信号机是能独立地显示信号，指示列车或调车车列运行条件的信号机，如进站、出站、进路、通过、驼峰、调车等信号机。

从属信号机是本身不能独立存在，只能附属于某种信号机的信号机，如预告信号机从属于进站信号机、通过信号机、遮断信号机等；复示信号机从属于进站、进路、出站、驼峰、调车等信号机。

5）按停车信号的显示意义分类。可分为绝对信号和非绝对信号（亦称容许信号）。

绝对信号是指当显示停止运行的信号时，列车、调车车列必须无条件遵守的信号显示。所有站内信号机的禁止信号显示均为绝对信号（但调车信号、禁止信号对列车来说不作为停车信号）。

非绝对信号是指列车在列车信号机显示红灯、显示不明或灯光熄灭时允许列车限速通过，并准备随时停车的信号。如自动闭塞区间的通过信号机显示停车信号时，列车必须在信号机前停车，驾驶员应使用列车无线调度电话通知运转车长，通知不到时（如货物列车取消守车后无运转车长），鸣笛一长声，停车等候 2min；该信号机仍未显示进行信号时，即以遇到阻碍能随时停车的速度继续运行，最高速度不超过 20km/h，运行到下一通过信号机，按其显示的要求运行。

6）按安装方式分类。可分为高柱信号机、矮型信号机、信号托架和信号桥。

高柱信号机安装在信号机柱上，一般用于距离要求较远的信号机。高柱信号机具有显示距离远、观察位置明确等优点。因此，为保证安全及提高效率，进站、正线出站、接车进路、通过、预告、驼峰等信号机必须采用高柱信号机。

矮型信号机设于建筑限界下部外侧的信号机基础上，一般用于显示距离要求不远的信号机上。因高柱信号机的设置受建筑限界的限制，另外应考虑信号机的设置不应影响到发线有效长，站线出站、发车进路信号机和一般情况下的调车信号机等采用矮型信号机。

设于特殊地形和特殊条件下的信号机（包括进站信号机），经相关部门批准，亦可采用矮型信号机，如设于桥隧的预告信号机、通过信号机、双线双向自动闭塞区段的反方向进站信号机可采用矮型信号机。

因受限界限制，不能安装信号机柱时，则以信号托架和信号桥代替。信号托架为托臂形结构建筑物，信号桥为桥形结构建筑物。

（2）移动信号分类及显示　移动信号分停车信号、减速信号和减速防护地段终端信号。移动信号昼间采用不同形状或颜色的信号牌；夜间使用装设在柱上的信号灯。它们的显示方式如下：

停车信号：白天柱上一个表面有反光材料的红色方牌；夜间柱上一个红色灯光。

减速信号：白天柱上一个表面有反光材料的黄色圆牌；夜间柱上一个黄色灯光。减速信号牌还应标明每小时限速的千米数。另外，在施工及其限速区段，还要在原减速信号牌的前方，按不同速度等级的制动距离增设快速旅客列车减速信号牌，白天和夜间均为黄底黑色 K 字圆牌。

减速防护地段终端信号：白天柱上一个绿色圆牌；夜间柱上一个绿色灯光。表示限速区段到此为止。在单线区段，驾驶员在白天应看线路右侧减速信号牌背面的绿色圆牌，夜间应看柱上的绿色灯光。

3. 地面信号和车载信号

地面信号是设置在线路附近供驾驶员辨识的信号。

车载信号是将地面信号通过传输设备或其他方式传输引入列车的信号。车载信号设备安装在列车的两端。

城市轨道交通地面采用的色灯信号机在结构上与铁路信号机基本相同，但在设置要求和显示意义方面与铁路有一定区别，对于信号机的显示距离也有自己的规定，除了车辆段和有道岔的正线车站外，其他地方一般不设置地面信号机。

5.3 透镜式色灯信号机

1. 透镜式色灯信号机的结构

透镜式色灯信号机的灯位由灯泡、灯座、透镜组、遮檐和背板等组成，如图5-1所示。

灯泡是色灯信号机的光源，采用直线双丝地铁信号灯泡。

灯座用来安放灯泡，采用定焦盘式灯座，在调整好透镜组焦点后固定灯座，更换灯泡时无需再调整。

透镜组装在镜架框上，由两块带棱的凸透镜组成，里面是有色带棱外凸透镜，外面是无色带棱内凸透镜。之所以采用两块透镜组成的光学系统，是利用光的折射和反射原理，将光源发出的光线集中射向所需要的方向，即增强该方向的光强。这样，就能满足信号显示距离远而且具有很好的方向性的要求。信号机构的颜色取决于有色透镜，可根据需要选用。

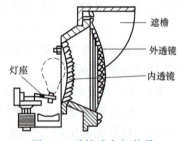

图 5-1　透镜式色灯信号机的灯位结构

遮檐用来防止阳光等光线直射时产生错误的幻影显示。

背板是黑色的，构成较暗的背景，可衬托信号灯光的亮度，改善瞭望条件。只有高柱信号机才有背板，一般信号机采用圆形背板。各种复示信号机、遮断信号机及其预告信号机、容许信号则采用方形背板，以示区别。

2. 透镜式色灯信号机构的分类

透镜式色灯信号机构分为高柱、矮型两大类。高柱、矮型信号机构按结构又分为二显示、三显示两种。二显示机构有两个灯室，三显示机构有三个灯室。每个灯室内有一组透镜、一副灯座、一个灯泡和遮檐。灯座间用隔板分开，以防止相互串光，保证信号显示的正确。背板是一个机构共用的。各种信号机可根据信号显示的需要选用机构，再按灯光配列对信号灯位颜色的规定安装各灯位的有色内透镜。另有单显示的复示信号机构、灯列式进站复示信号机构、遮断信号及其预告信号机构以及引导信号机构和容许信号机构。透镜式色灯信号机构的型号含义见表5-2。

色灯信号机采用直丝信号灯泡，配套定焦盘式灯座以及点灯和灯丝转换装置。

表 5-2　透镜式色灯信号机构的型号含义

信号名称	色灯信号机（透镜式）	显示	信号显示的意义
进站信号机		🔵	停车,不准越过信号机
		⚪	进正线准备停车
		⚪⚪	进到发线准备停车
		⚫	按规定速度由正线通过
		⚫⚫	进站内准备停车表示接车进路信号机在开放状态
		🔵⚪	引导信号,以不超过20km/h的速度进站或通过接车进路,并随时准备停车
出站信号机	非自动闭塞区段	🔵	停车,不准越过信号机
		⚫⚫	准许列车由车站出发
		⚫⚫	准许列车由车站出发开往次要线路
	自动闭塞区段	🔵	停车,不准越过信号机
		⚪	准许列车由车站出发,表示前方有一个闭塞分区空闲
		⚫	准许列车由车站出发,表示前方至少有两个闭塞分区空闲
		⚫	准许列车由车站出发开往非自动闭塞区段

注：红—🔵；黄—⚪；绿—⚪；白—⚪。

5.4　LED 式色灯信号机

1. LED 式色灯信号机概述

LED 式色灯信号机的大小同透镜式色灯信号机,信号机采用铝合金材料,信号点灯单元由 LED（发光二极管）构成。LED 色灯控制系统,在与现有点灯控制电路兼容、LED 驱动电路与二极管供电方式的设计方面取得突破,从机械结构到电路的安全可靠性以及现场安装、操作、更换等方面，经不断完善、改进已形成系列产品，如图 5-2 所示。

2. LED 色灯信号机的优点

LED 色灯信号机采用轻便、耐腐蚀的单灯铝合金结构，组合灵活、安装简单。显示距离超过 1.5 km 且清晰可辨，使用寿命可达 10^5 h，安全可靠。通过监测控制系统的电流，可监督信号显示系统的工作状态；预警异常情况有助于准确判断故障点，便于及时处理。LED 色灯信号机构重量大大减轻，便于施工安装，密封条件好，使用寿命长。用 LED 取代传统的双丝信号灯泡和透镜组，从而彻底消除灯泡断丝这一多发性的信号故障，可以做到免维护，结束了普通信号机定期更换信号灯泡的维修方式，减少维修工作量，节省维修费用。

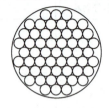

图 5-2　LED 式色灯信号机

用发光盘取代信号灯泡具有以下的显著优点：

1) 可靠性高。发光盘是用上百只发光二极管和数十条支路并联工作的，在使用中即使个别发光二极管或支路发生故障也不会影响信号的正常显示，提高了信号显示的可靠性。

2) 寿命长。发光二极管的寿命为信号灯泡的 100 倍，改用发光盘后可免除经常更换灯泡的麻烦，且有利于实现免维修。

3) 节省能源。传统信号灯泡功率为 25W，而发光盘的功率还不到信号灯泡的 1/2。

4) 聚焦稳定。发光盘的聚焦状态在产品设计与生产中已经确定，现场不需调整，给安装与使用带来方便，并能始终保持良好的聚焦状态。

5) 光度性好。发光盘除有轴向主光束外，还有多条副光束，有利于增强主光束散角以及近光显示效果。

6) 无冲击电流。点灯时没有类似信号灯泡冷丝状态的冲击电流，有利于延长供电装置的使用寿命，并减少对环境的电磁污染。

5.5　地面信号机的设置

1. 地面信号机的设置原则

（1）设于列车运行方向右侧　城市轨道交通采用右侧行车制，其地面信号机设于列车运行方向的右侧，在地下部分一般安装在隧道壁上。特殊情况（如因设备限界、其他建筑物或线路条件等影响）可设于列车运行方向的左侧或其他位置。

（2）信号机柱的选择　高柱信号机具有显示距离远、观察位置明确等优点，因此车辆段的进段、出段信号机以及停车场的进场、出场信号机均采用高柱信号机。而其他信号机由于对显示距离要求不远以及隧道内安装空间有限，一般采用矮型信号机。

（3）信号机限界　信号机不得侵入设备限界。设备限界是用以限制设备安装的控制线。直线地段的设备限界是在直线地段车辆限界外扩大一定安全间隙后形成的：车体肩部横向向外扩大 100mm，边梁下端横向向外扩大 30mm，接触轨横向向外扩大 185mm，车体竖向加高 60mm，受电弓竖向加高 50mm，车下悬挂物下降 50mm。曲线地段设备限界应在直线地段设备限界的基础上，按平面曲线不同半径过超高或欠超高引起的横向和竖向偏移量，以及车辆、轨道参数等因素计算确定。

2. 信号机的设置

城市轨道交通信号机的设置不同于铁路，规定在 ATC 控制区域的线路上道岔区设防护信号机或道岔状态表示器，其他类型的信号机可根据需要设置。城市轨道交通采用右侧行车制，无论在正线还是车辆段，地面信号机应设置于列车运行方向的右侧，地面信号机地下部分一般安装在隧道壁上。特殊情况下，可以设置在列车运行方向左侧或其他位置。

（1）正线上的信号机设置　正线上的道岔区设防护信号机或道岔状态表示器（国内尚未采用）。防护信号机设于道岔岔前和岔后的适当地点，具有出站性质以外的防护信号机应设引导信号。具有两个以上运行方向的信号机可设进路表示器。车站一般不设进、出站信号机，在正向出站方向的站台侧列车停车位置前方适当地点设置发车指示器。也可以根据需要设进站、出站信号机以及进站信号机的预告信号，或者只设出站信号机。

（2）车辆段（停车场）的信号机设置　在车辆段（停车场）入口处设进段（进场）信号机，在车辆段（停车场）出口处设出段（出场）信号机。在同时能存放两列及以上列车的停车线中间进段方向设列车阻挡信号机（可兼作调车信号机）。车辆段（停车场）内其他地点根据需要设调车信号机。

3. 信号机的命名

正线上的防护信号机、阻挡信号机冠以"X""S""F""Z"等，其下缀编号方法：下行方向编为单号，上行方向编为双号，从站外向站内顺序编号。

车辆段的进段信号机冠以"JD"，下缀编号方法：下行方向编为单号，上行方向编为双号，从段外向段内顺序编号。列车阻挡信号机和调车信号机冠以"D"，下缀编号方法：下行咽喉编为单号，上行咽喉编为双号，从段内向段外顺序编号。

5.6　信号显示

1. 信号显示颜色的选择

城市轨道交通信号颜色的选择，应能达到显示明确、辨认容易、便于记忆和具有足够的显示距离等基本要求。经过理论分析和长期实践，轨道交通信号的基本色为红、黄、绿三种，再辅以蓝色和月白色，即构成轨道交通信号的基本显示系统。

城市轨道交通信号的光源为白炽灯产生的白色光。白色光是一种复合光，由红、橙、黄、绿、青、蓝、紫七种颜色的光混合而成，其中红光波长最长，紫光波长最短。一般来说，波长越长，穿透周围介质（如空气、水汽等）的能力越强，显示距离越远。

同样强度的光，红光最诱目，因为人眼对红色辨认最敏感，红色比其他颜色的光都更能引人注意，对人会产生不安全感，所以规定红色灯光为停车信号是最理想的。

黄色（实际上是橙黄色，简称黄色）玻璃透过光线的能力较强，且黄色光显示距离较远，又具有较高的分辨力，辨认正确率接近 100%，故采用黄色灯光作为注意和减速信号。

绿色和红色的反差最大，容易分辨，而绿色光显示距离也较远，能满足信号显示的要求，故采用绿色灯光作为按规定速度运行的信号。

调车信号机的关闭不能影响列车运行，所以它一般不采用红色灯光，而选用蓝色灯光作为禁止调车信号较合适，因其具有较高的诱目性和较大的辨认率。调车信号机的允许信号采用月白色灯光，主要目的是其可与一般普通照明电源相区别。蓝色、白色光虽显示距离较近，但因为调车速度较低，所以能满足调车作业的需要。

紫色灯光具有较高的区别性，作为道岔状态表示器表示道岔在直向开通的灯光，基本上能满足需要。

2. 机构选用和灯光配列

色灯信号机的机构有单显示、二显示和三显示。单显示机构仅用于阻挡信号机。二显示和三显示可以单独使用，也可以组合（可与单显示机构组合）构成各种信号显示。

(1) 色灯信号机灯光配列和应用的规定

1) 当根据实际情况需减少灯位时，应采用空位停用方式处理。减少灯位的处理方式可以维持信号机应有的外形，以防误认，如防护信号机若无直向运行方向时，仍采用三显示机构，将绿灯封闭。存车线中间进段方向的列车阻挡信号机采用三显示机构，将绿灯封闭。

2) 当以两个基本灯光组成一种显示时，两个灯光应有一定的间隔距离，以保证显示清晰，如防护信号机的红灯和黄灯同时点亮表示引导信号，其间隔开一个绿灯灯位。

3) 双机构加引导信号是一种专门的信号机形式，需要时，进段（场）信号机可采用此形式。

(2) 各种信号机的灯光配列

1) 防护信号机。防护信号机采用三显示机构，自上而下灯位为黄（或月白）、绿、红。若设正线出站信号机，其灯光配列同防护信号机。

2) 阻挡信号机。阻挡信号机采用单显示机构，为一个红灯。

3) 进段（场）信号机。进段（场）信号机灯光配列可同防护信号机，也可采用双机构（两个二显示）带引导机构，自上而下灯位为黄、绿、红、黄、月白。

4) 出段（场）信号机。出段（场）信号机采用三显示机构，红、绿，带调车白灯。

5) 调车信号机。调车信号机采用二显示机构，自上而下灯位为白、蓝（或红）。

6) 通过信号机。若采用自动闭塞，其通过信号机为三显示机构，自上而下灯位为黄、绿、红。

3. 信号显示制度

(1) 信号显示的基本要求

1) 信号机定位。将信号机经常保持的显示状态作为信号机的定位。信号机定位的确定，一般要考虑的是保证行车安全、提高运输效率及信号显示自动化等因素。除采用自动闭塞时通过信号机显示绿灯为定位外，其他信号机一律以显示禁止信号（红灯或蓝灯）为定位。

2) 信号机关闭时机。除调车信号机外，其他信号机在列车第一轮对越过该信号机后及时自动关闭。调车信号机在调车车列全部越过调车信号机后自动关闭。

3) 视作停车信号。信号机的灯光熄灭、显示不明或显示不正确时，均视为停车信号。

4) 区分运行方向。有两个以上运行方向而信号显示不能区分运行方向时，应在信号机上装进路表示器，由进路表示器指示开通的运行方向。

(2) 信号显示的意义　一般，除预告信号机外，所有正线信号机的主体信号均为绿、红两显示，绿灯表示进行，红灯表示停车。进站信号机带引导月白灯，预告信号机为黄、绿、红三显示。

各地对信号显示的有关规定如下：

1) 红色——停车，ATP 速度命令为零。

2) 绿色——运行前方道岔在直股（定位），按 ATP 速度命令运行。

3) 月白色——运行前方道岔在侧股（反位），按 ATP 速度命令运行，一般限制为 30km/h。

4) 红色+月白色——引导信号，准许列车在该信号机处继续运行，但需准备随时停车，仅对防护站台的信号机设引导信号。

站台还设有发车表示器，发车前 5s 闪白光。发车时间到，发车表示器亮白色稳定光，列车出清后灭灯。

(3) 信号显示的距离　各种地面信号机及表示器的显示距离应符合下列规定：

1) 行车信号和道岔防护信号应不小于 400m。

2) 调车信号和道岔状态表示器应不小于 200m。

3) 引导和道岔状态表示器以外的各种表示器应不小于 100m。

4) 各种地面信号机和表示器显示距离为无遮挡条件下的最小显示距离。

第6章

道岔转辙机

6.1 道岔转辙机概述

当车站内铺设有许多条线路时,线路之间用道岔连接。列车在车站内运行的路径叫作进路,进路由道岔位置决定。道岔的转换和锁闭设备是直接关系行车安全的关键设备。道岔由多种类型的转辙机转换。转辙机是重要的信号基础设备,它对于保证行车安全、提高运输效率、改善行车人员的劳动强度起着非常重要的作用。转辙机是道岔控制系统的执行机构,用于道岔的转换与锁闭,它是道岔动作的动力部分,其通过杆件做直线运动,从而使道岔尖轨进行位移来改变道岔的位置,并给出道岔状态的表示。

6.2 道岔

道岔是机车车辆从一股道转入或越过另一股道的线路设备,是轨道的一个重要组成部分,也是轨道的薄弱环节之一。

1. 道岔的结构

道岔由转辙部分、连接部分和辙叉部分组成,结构如图6-1所示

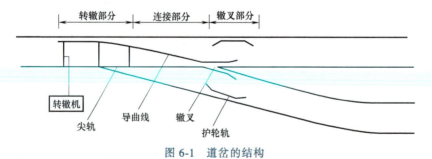

图6-1 道岔的结构

(1)转辙部分　由尖轨、基本轨、连接零件(包括连接杆、滑床板、垫板、轨撑、顶铁、尖轨跟端结构等)及转辙机械组成。

(2)连接部分　由导轨、基本轨组成,它将转辙部分和辙叉部分连成一组完整的道岔。

(3)辙叉部分　由叉心、翼轨、护轮轨等组成。道岔按用途及平面形状分为单开道岔、对称道岔、三开道岔、交叉道岔四种。其中,单开道岔将一条线路分为两条,主线为直线方向,侧线由主线向左侧或右侧岔出,线路连接中较多采用。当按压一个道岔动作按钮,仅能

使一组道岔转换时,则称该道岔为单动道岔;如果能使两组道岔同时或顺序转换,则称为双动道岔,双动道岔有时也称为联动道岔。

2. 道岔号数

道岔辙叉角的余切值叫作道岔号数或辙叉号码。地铁线路中常用的标准道岔有7号、9号、12号。正线及折返线上统一采用9号道岔。为了行车的安全平稳,列车过岔速度应有一定的限制(表6-1),其中车厂内基本为7号道岔,其侧向通过最高速度为25km/h。

表6-1 道岔侧向允许通过速度

辙叉号码	7	9	12
速度/(km/h)	25	30	50

6.3 转辙机

1. 转辙机的作用

在集中联锁设备中,转辙机的作用是接收到命令后带动道岔转换,如图6-2所示,其主要功能为转换道岔、锁闭道岔尖轨、表示道岔所在位置。

道岔有两根可以移动的尖轨,一根密贴于基本轨,另一根尖轨离开。可以同时改变两根尖轨的位置,使原来密贴的尖轨分离,而原来分离的尖轨密贴。可见,道岔有两个可以改变的位置,具体表现如下:

1) 根据操作要求,将道岔转换至定位或反位。我们通常把道岔经常所处的位置叫作定位,临时需要改变的位置叫作反位。为改变道岔的两个位置,在道岔的尖轨处需要安装道岔转辙设备。

图6-2 转辙机与道岔的转换

2) 道岔转换至规定位置而且密贴后,自动实行机械锁闭,以防止外力改变道岔位置。

3) 当道岔尖轨与基本轨密贴后,正确反映道岔位置,并给出相应表示。

4) 发生挤岔以及道岔长时间处于"四开"位置(尖轨与基本轨不密贴)时,及时发出报警。

道岔本无顺向和对向之分,它只是根据列车运行方向而言。当列车迎着道岔尖轨运行时,该道岔就叫作对向道岔;反之,当列车顺着道岔尖轨运行时,该道岔就叫作顺向道岔。

2. 转辙机的基本要求

1) 作为转换器,转辙机应具有足够大的拉力,以带动尖轨做直线往返运动;当尖轨受阻不能转换到底时,其应随时通过操作使尖轨回复原位。

2) 作为锁闭器,当尖轨和基本轨不密贴时,转辙机不应进行锁闭;一旦锁闭,其不能因车辆通过道岔时的振动而错误解锁。

3）作为监督器，转辙机应能正确反映道岔的状态。

4）道岔被挤后，在未修复前转辙机不应再使道岔转换。

3. 转辙机的分类

（1）按传动方式分类　依据此分类标准，转辙机可分为电动转辙机和电动液压转辙机。电动转辙机由电动机提供动力，采用机械传动。多数转辙机都是电动转辙机，包括ZD6系列转辙机和S700K型电动转辙机。

电动液压转辙机简称电液转辙机，由电动机提供动力，采用液力传动。ZY（J）系列转辙机即为电液转辙机。

（2）按供电电源种类分类　依据此分类标准，转辙机可分为直流转辙机和交流转辙机。直流转辙机采用直流电动机，工作电源是直流电。ZD6系列电动转辙机就是直流转辙机，由直流220V供电。直流电动机的缺点是由于存在换向器和电刷，易损坏、故障率较高。

交流转辙机采用三相交流电源或单相交流电源，由三相异步电动机或单相异步电动机（现大多采用三相异步电动机）作为动力。S700K型电动转辙机和ZYJ7型电液转辙机为交流转辙机。交流转辙机采用感应式交流电动机，没有换向器和电刷，因此故障率低，而且单芯电缆控制距离远。

（3）按锁闭道岔的方式分类　依据此分类标准，转辙机可分为内锁闭转辙机和外锁闭转辙机。

内锁闭转辙机依靠转辙机内部的锁闭装置锁闭道岔尖轨，是间接锁闭的方式。ZD6系列等大多数转辙机均采用内锁闭方式。内锁闭方式的锁闭可靠程度较差，列车对转辙机的冲击大。

外锁闭转辙机虽然内部也有锁闭装置，但主要依靠转辙机外的外锁闭装置锁闭道岔，将密贴尖轨直接锁于基本轨，斥离尖轨锁于固定位置，是直接锁闭的方式。S700K型和ZYJ7型转辙机均采用外锁闭方式，外锁闭方式锁闭可靠，列车对转辙机几乎无冲击。

（4）按是否可挤分类　依据此分类标准，转辙机分为可挤型转辙机和不可挤型转辙机。

可挤型转辙机内设挤岔保护（挤切或挤脱）装置，当道岔被挤时，动作杆解锁，保护了整机。

不可挤型转辙机内不设挤岔保护装置，当道岔被挤时，若动作杆与整机连接结构被挤坏，应整机更换。电动转辙机和电液转辙机都有可挤型和不可挤型。此外，各种转辙机还有不同转换力和动程的区别。

4. 转辙机的设置

通常一组道岔由一台转辙机牵引，如果正线采用9号AT道岔，尖轨部分需要两台转辙机牵引。

5. 转辙机的操纵和锁闭

（1）操纵方式　转辙机有电动转换和人工转换（手摇方式）两种方式。

设备正常时，运行操作人员利用控制台（或显示器）上的有关按钮进行集中操纵。停电、转辙机故障以及有关轨道电路故障时，只能使用手摇方式转换道岔。

手摇转辙机时，先用钥匙打开遮断器盖，露出手摇把插孔，插入手摇把，摇动规定圈数使道岔转换至所需位置。转换完毕后抽出手摇把，此时安全触点被断开，转辙机电路也被断开，必须由电务维修人员打开机盖，合上安全触点，转辙机电路才能恢复正常。多动道岔或多台转辙机牵引的道岔，必须摇动各台转辙机使道岔至所需位置。它们在集中操纵时是联动的，但手摇转换时必须一一摇动。手摇把关系行车安全，要实行统一编号，集中管理，建立登记签认制度。

（2）锁闭方式　对道岔实施锁闭指的是通过机械及电气方式将列车正在经过或已发出指令允许列车经过（例如办理好进路）的道岔进行固定，防止道岔错误转换。锁闭道岔的方式有机械锁闭和电气锁闭两种形式。

机械锁闭是当道岔转换到位后利用转辙机的内锁闭或外锁闭装置自动实现的，用于确保列车运行时尖轨与基本轨保持密贴。当设备故障时，需人工利用钩锁器等设备对道岔尖轨实施锁闭以保证行车安全。

电气锁闭是利用继电器触点等断开转辙机电路，确保列车占用或已发出指令允许列车经过时，不会由于误操作导致道岔转换。

6.4　ZD6 系列电动转辙机

1. ZD6-A 型电动转辙机的结构

ZD6 系列电动转辙机采用内锁闭方式，是我国城市轨道交通中使用最广泛的电动转辙机，ZD6-A 型电动转辙机是基本型号，其他型号（如 D、E、J 等）属于派生型号。ZD6-A 型电动转辙机内部结构如图 6-3 所示。

（1）电动机　电动机采用直流串励电动机为电动转辙机提供动力，其内部接线如图 6-4 所示：额定电压 160V；额定电流 2.0A；摩擦电流 2.3~2.9A；额定转速 2400r/min；额定转矩 0.8826N·m；单定子工作电阻 $(2.85±0.14)×2\Omega$；刷间总电阻 $(4.9±0.245)\Omega$。

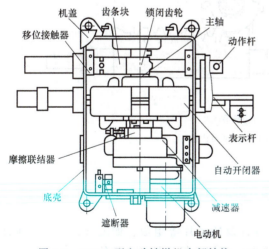

图 6-3　ZD6-A 型电动转辙机内部结构

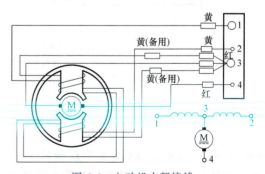

图 6-4　电动机内部接线

（2）减速器　减速器用于降低转速以获得足够的转矩，并完成传动功能。为了得到足够的转矩须将高速旋转的电动机降速。其由两级组成：第一级小齿轮带动大齿轮，减速比为

103∶27；第二级为行星传动式，减速比为 41∶1，总的减速比为 $\frac{103}{27} \times \frac{41}{1} \approx 156.4$。其结构如图 6-5 所示。

（3）摩擦联结器　摩擦联结器由弹簧和摩擦制动板组成，构成输出轴与主轴之间的摩擦连接，当道岔转换过程中尖轨遇阻时，其能够保护电动机，图 6-6 所示为摩擦联结器的结构。

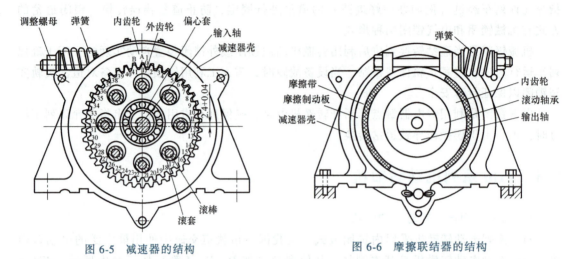

图 6-5　减速器的结构　　　　　　　　图 6-6　摩擦联结器的结构

（4）转换锁闭装置　转换锁闭装置由锁闭齿轮和齿条块组成，将转动变为平动，通过动作杆带动尖轨运动，转换到位后进行锁闭，图 6-7 所示为转辙机的锁闭结构。

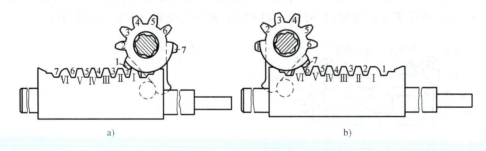

图 6-7　转辙机的锁闭结构
a）定位锁闭状态　b）反位锁闭状态

（5）自动开闭器　自动开闭器用来及时、正确反映道岔尖轨的位置，并完成控制电动机和挤岔表示的功能。在解锁过程中，自动开闭器触点断开原表示电路，接通准备反转的动作电路；锁闭后，自动开闭器触点自动断开电动机动作电路，接通表示电路。自动开闭器由 4 排静触点、2 排动触点、2 个速动爪、2 个检查柱及速动片等组成，如图 6-8 所示。静触点、动触点、速动爪、检查柱对称地分别装于主轴的两侧，但又是一个整体。

（6）表示杆　电动转辙机的表示杆与道岔的表示过接杆相连并随道岔动作，用来检查尖轨是否密贴，以及在定位还是在反位。

表示杆由前表示杆、后表示杆及 2 个检查块组成，如图 6-9 所示。两杆通过并紧螺栓和

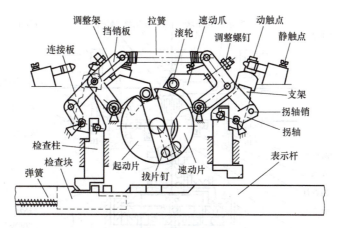

图 6-8 自动开闭器的结构

调整螺母固定在一起。前表示杆的前伸端设有连接头,用来和道岔的表示连接杆相连。紧固螺栓装在后表示杆的长孔与相对应的前表示杆圆孔里。前表示杆后端有横穿后表示杆的调整螺母,后表示杆末端有一轴向长孔,内穿 1 根调整螺杆并拧入调整螺母内,在调整螺杆颈部用销子将它与后表示杆连成一体。当松开紧固螺栓,拧动调整螺杆时,调整螺杆带动后表示杆在调整螺母内前后移动。因为后表示杆前端与紧固螺栓相连的是一长孔,所以调整范围较大,为 86~167mm,以满足不同道岔开程的需要。

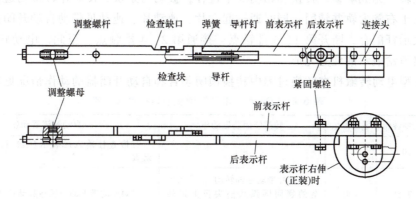

图 6-9 表示杆的结构

(7)挤切装置 挤切装置包括挤切销和移位接触器,用来进行挤岔保护,并给出挤岔表示。

2. ZD6-A 型电动转辙机的整体动作过程

图 6-10 所示为 ZD6-A 型电动转辙机的传动原理。图中表示的各机件所处位置是左侧锁闭(假设为定位)状态,此时自动开闭器第 1、3 排触点闭合。现简述从定位转向反位的传动过程。

当电动机通入规定方向的道岔控制电流时,电动机轴按图 6-10 中所示的逆时针方向旋转;电动机通过齿轮带动减速器,这时输入轴按顺时针方向旋转;输出轴按逆时针方向旋转;输出轴通过起动片带动主轴,按逆时针方向旋转;锁闭齿轮随主轴逆时针方向旋转,锁

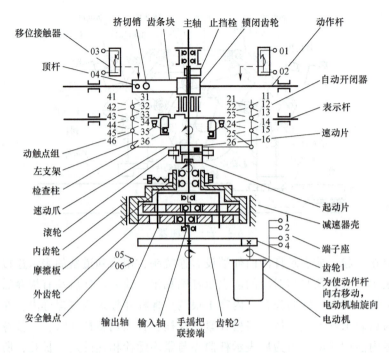

图 6-10　ZD6-A 型电动转辙机的传动原理

闭齿轮在旋转中完成解锁、转换和锁闭 3 个过程，拨动齿条块，使动作杆带动道岔尖轨向右移动，密贴于右侧尖轨并锁闭；同时通过起动片、速动片、速动爪带动自动开闭器的动触点动作，与表示杆配合，断开第 1、3 排触点，接通 2、4 排触点。至此，电动转辙机转换、锁闭及给出道岔表示的任务完成。

ZD6-A 型电动转辙机在转换过程中转换锁闭装置和自动开闭器的动作情况见表 6-2。

表 6-2　ZD6-A 型电动转辙机的转换动作过程

道岔状态	主轴转角	手摇圈数	转换锁闭装置动作	自动开闭器动作
定位锁闭	0°	—	—	右检查柱落入后表示杆缺口，接通 1、3 排触点
解锁	7.5°	0.85	起动片带动主轴转动，使锁闭齿轮的锁闭圆弧从削尖齿上退转 7.5°，开始解锁	左侧速动爪上的滚轮在起动片凹槽中滚动
解锁	10.2°	1.2	—	起动片坡面推动滚轮，使左速动爪抬高，第 3 排触点断开，左侧检查柱开始抬高
解锁	19°	2.2	—	起动片坡面继续推滚轮，动触点开始接通第 4 排静触点，为电动机反转准备条件
解锁	26.5°	3	—	左速动爪完全爬上起动片弧面，动触点完全插入第 4 排静触点，左侧检查柱完全退出表示杆缺口
解锁	28.7°	3.3	—	起动片上拨钉片开始拨动速动片
解锁	32.9°	3.7	锁闭圆弧完全退出削尖齿，解锁完成	—

(续)

道岔状态	主轴转角	手摇圈数	转换锁闭装置动作	自动开闭器动作
转换	306.1°	34.9	锁闭齿轮拨动齿条块,使动作杆右移(165+2)mm,尖轨运动至反位,锁闭齿轮的凸弧开始进入另一削尖齿,开始锁闭	动触点接向外侧1、4排触点,两个速动爪滚轮均在起动片和速动片上滚动
反位锁闭	335.6°	36.4	锁闭圆弧对齿轮条已达29.6°锁闭角	表示杆反位缺口已运动至右侧检查柱下方,右侧速动爪滚轮离开起动片弧面,速动爪完全由速动片承托。稍后,右侧速动爪突然跌落,右侧检查柱落入表示杆反位缺口,迅速断开第1排触点,切断电动机电路,接通第2排触点,接通反位表示电路
	339°	38.6	锁闭圆弧与削尖齿之间完成同心圆弧面重合32.9°的锁闭角	—

6.5 S700K型电动转辙机

S700K型电动转辙机是我国铁路为提速需要从德国引进设备和技术,经消化吸收和改进后,在干线铁路推广的一种转辙机。这种转辙机结构先进、工艺精良,解决了ZD6型转辙机存在的电动机断线、故障电流变化、触点接触不良、移位接触器跳起、挤切销折断等惯性故障。

城市轨道交通尽管运行速度不高,但采用S700K型电动转辙机的优点十分明显:由于采用三相交流电动机,线路上的电能损失大大减小;由于采用滚珠丝杠传动装置,摩擦力小,机械效率高;由于三相交流电动机没有直流电动机的换向器,维修工作量大大减少。

1. S700K型电动转辙机的结构

S700K型电动转辙机主要由外壳、动力传动机构、检测和锁闭机构、安全装置、配线接口五大部分组成,图6-11所示为S700K型电动转辙机的结构。

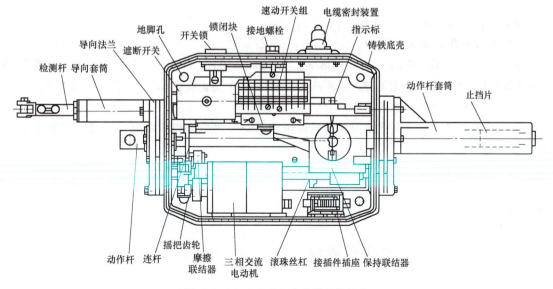

图6-11 S700K型电动转辙机的结构

（1）外壳部分　外壳部分主要由铸铁底壳、动作杆套筒、导向套筒、导向法兰等四部分组成。

（2）动力传动机构　动力传动机构主要由三相交流电动机、摇把齿轮、摩擦联结器、滚珠丝杠、保持联结器、动作杆等六部分组成。

（3）检测和锁闭机构　检测和锁闭机构主要由检测杆、叉形接头、速动开关组、锁闭块、锁舌、指示标等五部分组成。

（4）安全装置　安全装置主要由开关锁、遮断开关、连杆、摇把孔挡板等四部分组成。

（5）配线接口端　配线接口端主要由电缆密封装置、接插件插座两部分组成。

2. S700K型电动转辙机的功能

1）电气检测尖轨和辙叉的终点位置（即只有当密贴尖轨密贴、斥离尖轨与基本轨距离符合要求时，才能给出该组道岔的正确位置表示）。

2）转换道岔及辙叉的尖轨（即转换功能）。

3）使道岔尖轨和可动岔心尖轨在终点位置有一定的保持力（防挤叉功能）。

4）使锁闭装置有一定的机械保持力（锁闭功能）。

5）S700K型电动转辙机产品代号含义：S——西门子；700——具有700kgf（约6860N）转换力；K——带有滚珠丝杠。

3. S700K型电动转辙机的技术性能

1）电动机：采用三相交流380V电源（设有专门的电源屏）。

2）转换力：6860N；（当外阻力超过该转换力时，电动机就会出现空转现象，不能带动尖轨进行转换）。

3）保持力：90kN；（即作用到转辙机内部的振动、车轮侧向冲击等外力不能超过此力）。

4）转辙机动程：150mm、220mm、240mm三种（依据其放置的地理位置不同，其转换的动程也不一样，如尖轨处与心轨处）。

5）动作时间：不大于7.2s（与以前ZD6型转辙机基本一致，表示是否插入转换的一个过程）。

6）动作电流：不大于2A。

7）单线电阻：不大于54Ω。

8）检测杆行程：69mm、76mm、87mm、98mm、110mm、117mm、160mm、180mm等多种（即尖轨与基本轨或心轨与翼轨之间的距离）。同样，由于安装位置的不同，其行程也不同。

4. S700K型电动转辙机的动作原理

1）传动过程：电动机将动力通过减速齿轮组，传递给摩擦联结器，摩擦联结器带动滚珠丝杠转动，滚珠丝杠的转动带动丝杠上的螺母水平移动，螺母通过保持联结器经动作杆、锁闭杆带动道岔转换，道岔的尖轨或可动心轨经外表示杆带动检测杆移动（见图6-11）。

2）动作过程：①解锁过程及断开表示触点过程。②转换过程。③锁闭及接通新表示触点过程。

6.6　ZD（J）9型电动转辙机

ZD（J）9型电动转辙机是为我国铁路提速的需要而研制的，借鉴了国内外成熟的先进技术，结合我国铁路线路和道岔的实际情况进行了优化设计，并根据道岔的不同转换动程和转换力以及交流、直流不同供电方式开发的系列产品。其具有转换力大、效率高等特点，既适用于多点牵引分动外锁闭道岔的转换，也可用于尖轨联动的内锁闭道岔的转换。目前，已对ZD（J）9型电动转辙机进行改进，使之成为适用于城市轨道交通使用的转辙机。

1. ZD（J）9型电动转辙机的特点

ZD（J）9型电动转辙机具有以下特点：

1）采用滚珠丝杠减速，效率较高。

2）交流系列采用三相380V交流电动机，故障少、电缆单芯控制距离长。根据需要可配置直流系列转辙机。

3）触点系统采用铍青铜静触点组和铜钨合金动触点环。

4）伸出杆件用镀铬防锈，伸出处用聚乙烯堵孔圈和油毛毡防尘圈支承和防尘。

5）转动和滑动面用SF-2复合材料衬套和衬垫，维护工作量小。

6）当停电或维修（需手动转换的情况下）时，可转动手动开关轴，断开安全触点插入手摇把，予以手动转换转辙机。

2. ZD（J）9型电动转辙机的结构

ZD（J）9型电动转辙机由底壳、盖、电动机、减速器、摩擦联结器、滚珠丝杠、动作杆、左右锁闭杆、触点组、安全开关组、挤脱器、接线端子等组成。

（1）电动机　电动机又分为交流电动机和直流电动机。

1）交流电动机为ZDJ802-4型专用交流电动机，额定输出功率0.4kW，当电源电压为三相380V、单相电阻为54Ω时，额定转矩为2N·m，转速大于或等于1330r/min。

2）直流电动机的额定电压为160V，额定转矩为2N·m，转速大于或等于980r/min。

（2）减速器　减速器为两级减速，在改变转换力或转换时间时，可以变动减速比。

ZD（J）9-A型第一级速比为38/26，第二级速比为46/18，总速比为3.74；ZD（J）9-B型第一级速比为44/20，第二级速比为46/18，总速比5.63，这时由于双机牵引的道岔要求第二牵引点先动，使得宏观上达到同步。

（3）滚珠丝杠　选用国产磨削丝杠，直径为32mm，导程10mm。由于导程大，滚珠也大，故可靠性高。

（4）摩擦联结器　实现电动机与传动机构之间的软连接，消耗电动机惯性动能，从而保护电动机。主动片是4片外摩擦片，用钢带加工，被动片为3片内摩擦片，用12个弹簧加压。

（5）自动开闭器触点组　自动开闭器触点组与ZD6型相同，只是将动触点支架改进成为有两处压嵌连接的结构，因此左右调整板设在同侧，缩小了触点组尺寸，减少了零件品种。

（6）安全触点　采用沙尔特堡开关。

（7）接线端子　采用德国产笼式弹簧的2线接线端子，由于接线部分没有螺纹连接，使用中无需检查或重新拧紧，能抗振动和冲击，是一种免维护的接线端子。

3. ZD（J）9型电动转辙机的动作原理

1）ZD（J）9型电动转辙机的电动机上装有减速器，电动机的驱动转矩经减速器减速后传到摩擦联结器。由摩擦联结器的内摩擦片通过花键传动给滚珠丝杠，将转动转换为螺母的平动。螺母外套有推板套，其上固定有动作杆。推板套推动动作杆上的锁块，在锁闭铁作用下，形成了转辙机的解锁、转换、锁闭过程。ZD（J）9-A 型的锁闭铁直接固定在底壳上。ZD（J）9-B 型的锁闭铁被挤脱器固定在底壳上，挤脱力为 28kN±2kN。

2）ZD（J）9-A 型的左右锁闭杆分别与第一牵引点两根分动的尖轨相连，在动作杆上的锁块被推板套锁闭在锁闭铁上，与密贴尖轨相连的锁闭杆被锁闭柱锁在密贴位置，这样就形成了双杠锁闭。一根锁闭杆上锁闭用的直缺口和挤岔表示用的斜缺口的距离与尖轨动程有关，只能适用于 160mm+6mm。超过此动程范围需另配锁闭杆。锁闭杆断面为 20mm×50mm，其弯曲程度为 ZD6 型表示杆的 3.7 倍，保证了第二锁闭的可靠性。

3）ZD（J）9-B 型的左右表示杆与第二牵引点的两根分动的尖轨相连，表示杆内检查块的结构、密贴检查和挤岔断裂表示原理均与 ZD6 型相同。其仅在动作杆上有锁闭，故为单杆锁闭。挤岔时，通过斥离尖轨的动作，使表示杆的斜面推动检查柱断开表示触点，给出挤岔表示；同时斥离尖轨推动外锁闭杆，进而推动动作杆，当动作杆上的挤岔力超过挤脱力时，锁闭铁就脱开挤脱柱，动作杆解锁；此时，锁闭铁移动 8 mm，锁闭铁上凹槽推动水平顶杆，再推动竖顶杆、动触点支架，从而断开表示。非经人工恢复锁闭铁，不能再接通表示。

4）为防止惯性反弹，在推板套与动作杆间加有阻尼机构。当推板套推动锁块进入锁闭位，动作杆停止不动，推板套继续前进到动作板使电动机电源断开时，推板套因惯性继续前进，推板套与动作杆间有相对移动，推板套内的弹簧在动作杆槽的斜面上压缩，弹力使摩擦块在动作杆侧面上摩擦而吸收惯性，即防止了惯性反弹。

第7章

联 锁 系 统

7.1 联锁及联锁设备概述

联锁设备是城市轨道交通的重要信号设备,用于完成车辆段内及正线建立进路、转换道岔、开放信号以及解锁进路等作业,实现道岔、信号、进路之间的联锁关系,以保证行车安全,提高作业效率。

7.2 车辆段联锁

车辆段联锁设备是城市轨道交通的重要信号设备,用于完成车辆段内建立进路、转换道岔、开放信号以及解锁进路等作业,实现道岔、信号、进路之间的联锁关系,以保证行车安全,提高作业效率。车辆段的联锁设备早期采用继电集中联锁,目前多采用计算机联锁。

1. 联锁

(1)进路 进路是列车和调车机车车辆在车辆段内所经过的路径,即从一架信号机开始,至同方向次一架信号机为止的线路。按照道岔不同的开通方向可以构成不同的进路,每条进路由相应的信号机防护,列车或调车机车车辆必须依据信号的开放进入或通过进路。

(2)办理进路 办理进路就是将有关道岔转换到进路要求的位置后锁闭,并开放防护进路的信号。但是,有些进路如果同时建立会造成列车或调车车列冲突的危险,这样的进路互为敌对进路,防护这两条进路的信号互为敌对信号。

为了保证车辆段内列车和调车的作业安全,只有在进路空闲、道岔位置正确、敌对信号处于关闭状态时,防护进路的信号才能开放;当信号开放后,进路上有关道岔不能再转换,其敌对进路不能建立、敌对信号不能开放,这种信号、道岔、进路之间相互制约的关系,称为联锁关系,简称联锁。

2. 联锁的基本内容

联锁的基本内容如下:

1)不允许建立会导致列车、机车车辆冲突的进路;防护进路的信号开放前,须检查其敌对信号是否处于关闭状态;信号开放后,应将其敌对信号锁闭在关闭状态,不允许办理与之相敌对的进路。

2)进路上的道岔必须被锁闭在与所办理进路相符合的位置。车辆段联锁设备通过按压控制台按钮或者利用鼠标单击计算机屏幕上的有关按钮办理进路,当有关道岔转换至开通进路的位置并锁闭后，才能开放信号。图 7-1 所示为某车辆段出入口信号平面图，若图中 10 号道岔处于直向位置时，信号机 D14 不能开放。

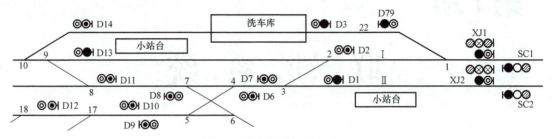

图 7-1 某车辆段信号平面图

3）信号机的显示必须与进路的开通状态相符合。在车辆段中，调车信号机的显示不表示道岔开通方向，但有些信号机（例如进段信号机）的显示须指示所防护进路中道岔开通方向。如图 7-1 所示，进段信号机 XJ1 显示一个黄灯表示允许列车进入车辆段，显示两个黄灯表示 1 号道岔开通侧向，指示列车进入洗车线。表 7-1 是信号灯的表示意义。

表 7-1 信号灯的表示意义

名称	图形符号	名称	图形符号
红色灯光	●	空灯位	⊗
黄色灯光	◐	稳定绿灯	○
绿色灯光	○	稳定红灯	●
蓝色灯光	◉	高柱信号	⊢○ ○⊣
月白灯光	◎	矮型信号	ι○ ○ι

在车辆段联锁设备中，防护进路的信号机显示允许灯光时则表示进路已经准备好，允许列车进入。防护进路的信号开放应满足以下技术条件：

1）进路上各区段空闲时才能开放信号。
2）进路上有关道岔在规定位置时才能开放信号。
3）敌对信号未关闭时，防护进路的信号机不能开放。

3. 联锁设备

控制车站的道岔、进路和信号，并实现它们之间联锁关系的设备称为联锁设备。

联锁设备既可以分散控制，也可以集中控制。目前使用的联锁设备有继电联锁和计算机联锁两大类。

继电联锁，又称为电气集中联锁，是用电气的方法集中控制和监督段内的道岔、进路和信号，并实现车辆段联锁关系的联锁设备。这种设备的主要特点是室外采用色灯信号机，道岔由转辙机转换，进路上所有区段均设有轨道电路，由继电电路实现对室外设备的控制并实现联锁，操作人员通过控制台集中操纵和监督全段信号设备。设备控制包括信号机基本控制和操作，办理进路和开放信号，道岔基本操作和控制等。

计算机联锁利用计算机实现车站的联锁关系，用继电器电路作为计算机主机与室外信号机、转辙机、轨道电路的接口设备，操作人员通过计算机显示器等设备实现对现场设备的控制和监督，图 7-2 所示为联锁设备原理图。

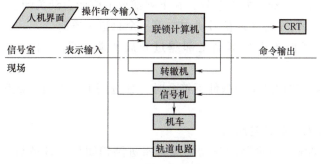

图 7-2　联锁设备原理图

4. 联锁的基本条件

1）进路上各区段空闲时才能开放信号机，这是最基本的要求。如果进路上有列车占用，此时开放信号机则可能会引起列车相撞。

2）当开放某一进路时，必须将进路上的所有道岔扳到正确位置后，才开放防护这一进路的信号机。如果信号机开放后，相关道岔还未处在正确位置，则车辆会进入异线，可能会引起列车与停留车的冲突。

3）当防护某一进路的信号机开放以后，这一进路上的道岔应被锁闭，不能再扳动。

4）当某一进路的信号机开放以后，与之敌对的进路（两条或两条以上的进路，有一部分相互重叠或交叉，有可能发生列车或机车车辆冲突的进路）的信号机应全部被锁闭，不能开放。

5. 联锁设备的主要技术要求

（1）基本操作原则　车辆段联锁设备采用双按钮操纵方式，办理进路、取消和人工解锁进路、单独操作道岔都要按压两个按钮才能动作设备，这样可以防止由于误操作按钮造成信号设备错误动作。

（2）进路锁闭　进路锁闭指的是进路排通、防护进路的信号开放后，进路上有关道岔不能转换，有关敌对信号不能开放。控制台上办理好进路后，从防护进路的信号开始至进路的终端显示白光带，称该进路处于锁闭状态。

（3）接近区段的规定　进路的接近区段一般是指信号机外方的第一轨道电路区段。进路排通、防护进路的信号开放后，接近区段空闲时的进路锁闭又称为进路的预先锁闭，接近区段有车占用时的进路锁闭又称为进路的接近锁闭。进路的锁闭程度不同，人工办理进路解锁时采用的方式也不同。

（4）信号的开放　控制台上操纵按钮办理进路后，满足下列条件信号即可自动开放：

1）进路空闲。

2）有关道岔转换至规定位置。

3）敌对进路未建立。

4）进路处于锁闭状态。

信号机应设灯丝监督装置，不间断地检查正在点亮的灯泡灯丝的完整性。信号点灯电路应具有主、副灯丝自动转换功能，主灯丝断丝后能自动转换至副灯丝继续点亮灯光，室内控制台上有相应的灯光和声音报警装置。

（5）信号的关闭　已经开放的信号，在下列情况下应能自动关闭：

1）列车信号：当列车进入该信号机内方第一个轨道区段时。

2）调车信号：当调车机车车辆全部越过开放的调车信号时（即出清调车进路接近区段）。

3）当信号显示与防护进路的条件不符合时（如进路上轨道电路故障、道岔位置改变或信号灯丝断丝等）。

4）办理取消或人工解锁进路时。

（6）进路的自动解锁　进路的自动解锁是指进路锁闭信号开放后，随着列车越过信号机进入进路或调车机车车辆的牵出、折返，进路上有关轨道区段自动解锁，控制台上相应轨道区段的白光带自动熄灭。

1）正常解锁，也称为逐段解锁，即列车或调车机车车辆顺序占用和出清进路的各轨道区段后，进路上的轨道区段自动顺序解锁。

2）调车中途返回解锁：在调车过程中，调车机车车辆未压上或部分压上的轨道区段，能够随着调车机车车辆的折返而自动解锁。

（7）人工办理解锁进路及解锁轨道区段　人工办理解锁进路是指进路建立后，不经列车或调车机车车辆运行，经人为操作将进路解锁。

1）当进路处于预先锁闭时，办理"取消解锁"，可将进路解锁。

2）当进路处于接近锁闭时，须办理"人工解锁"，才能将进路解锁。

当进路处于接近锁闭，办理人工解锁进路时，进路需经过 3min 或 30s 的延时才能解锁。设置延时解锁，是为了防止解锁原有进路改办其他进路时，处于接近区段的列车或调车机车车辆可能由于停车不及时冒进信号而压上正在转换的道岔。延时能够确保列车或调车机车车辆有足够的停车时间。

3）当发生车站停电后恢复供电，以及进路没有完全解锁等情况时，控制台上全部或部分轨道区段显示白光带，此时有关区段均处于锁闭状态，须办理"区段人工解锁"手续，才能将有关轨道区段解锁。

（8）道岔的锁闭　除进路锁闭外，联锁道岔还有以下锁闭方式：

1）区段锁闭：即当道岔区段有车占用时，区段内有关道岔不能转换。此时控制台上有关道岔区段显示红光带。

2）单独锁闭：即利用控制台上道岔按钮断开道岔控制电路，使该道岔不能转换。对道岔进行单独锁闭后，控制台上该道岔表示灯显示红灯。

3）故障锁闭：即在故障情况下道岔区段被锁闭，此时控制台上有关道岔区段显示白光带。例如列车经过进路后，由于分路不良使部分轨道区段不能解锁，控制台遗留有白光带。

联锁道岔受到上述任一种锁闭时，应保证机车车辆通过道岔时，道岔不能起动。

上述锁闭方式均属于对道岔进行电气锁闭，即通过断开转辙机的控制电路，使转辙机不能转换。除上述锁闭方式外，当设备故障时，为保证行车安全，使用钩锁器对道岔进行现场加锁以及钉固道岔等都是车务部门常用的锁闭道岔方式。

（9）道岔的转换　在不受上述任何一种锁闭的条件下，联锁道岔允许单独操纵，根据在控制台上的操作，能够进路式选动。但单独操纵优先于进路式选动，在进路式选动过程中，如果尖轨转换遇阻不能转换到底，为保护电动机，允许单独操纵转回原来位置。

为保证列车和调车作业安全，联锁道岔一经起动，则不受列车或调车车列进入道岔区段的影响，应继续转换到位。

控制台在转换到位后有相应定位或反位表示，联动道岔只有两端尖轨均转换到位才能构成位置表示。

（10）引导接车　办理列车进段时，当有关信号机、轨道电路或道岔等故障时，进段信号不能正常开放，应使用引导接车的方式将列车接入车辆段内。

7.3　6502电气集中联锁

继电联锁电路有过多种制式，几经修改完善，6502电气集中联锁电路被认为是较好的定型电路，得到广泛应用。

1. 设备组成

电气集中联锁设备分为室内和室外两部分，信号楼内设有控制台、继电器组合及组合架、电源屏、区段人工解锁盘和分线盘；室外有色灯信号机、电动转辙机、轨道电路和地下电缆。

（1）室内设备

1）控制台。控制台设置于运转室内，控制台表示盘盘面由带有按钮及表示灯的单元块拼装而成，用光带单元（每个光带单元可显示红色和白色两种灯光）组成模拟站场线路图形。值班员利用控制台表示盘盘面上的按钮操纵全站联锁区域内的道岔，排列进路，开放和关闭信号，并且通过控制台表示盘盘面上的表示灯，监督道岔位置、线路占用情况及信号显示状态。

2）区段人工解锁按钮盘。区段人工解锁按钮盘安装在运转室内，在表示盘盘面上设有许多带铅封的事故按钮，每个按钮对应于一个道岔区段或有车经过的无岔区段。当轨道电路区段因故障不能按进路方式解锁时，可以利用有关按钮办理区段人工解锁。当采用取消解锁或人工解锁的办法也不能关闭信号时，可以利用区段人工解锁按钮盘关闭信号；用于区段人工解锁的按钮可以集中设置在控制台上，也可将区段人工解锁盘单独设置并与控制台隔开一定距离，操作时一人按压控制台上的总人工解锁按钮，另一人按压区段人工解锁按钮盘的按钮，避免单人误操作而危及行车安全。

3）继电器组合及组合架。6502电气集中联锁电路由若干种继电器定型组合构成，每个定型组合电路均包含有若干固定的继电器，称为继电器组合，完成相应联锁功能。一般每个组合可以安装10个继电器，这些组合按设计要求安装在组合架上。

4）电源屏。电气集中联锁车站应有可靠的供电电源，以保证不间断供电。在车站机械室内设置有电源屏，提供电气集中联锁需要的各种交、直流电源及闪光电源等。

5）分线盘。分线盘一般设置于继电器室内，实现室内、外设备相互间的电气连接。

（2）室外设备

1）色灯信号机。城市轨道交通车辆段的各种信号机采用透镜式色灯信号机，咽喉区及运用库内的调车信号机均采用矮型信号机，进、出段信号机根据需要可采用高柱信号机。

2）转辙机。联锁区内的每个道岔都设置一台或多台转辙机,用以转换道岔、锁闭道岔、反映道岔所处的位置。

3）轨道电路。车辆段的咽喉区、运用库、检修库等线路,均应装设轨道电路,反映列车、调车车列的占用情况,实现联锁关系。

4）电缆及电缆盒。室内与室外信号设备之间、室内控制台与继电器组合架之间的联系都使用电缆连接,电缆可分为信号电缆、道岔电缆和轨道电缆。

室外电缆的分歧点、连接点以及终点设有电缆盒,用以实现电缆与电缆之间的接续、电缆与设备之间的连接。

2. 联锁表

联锁表是说明车站信号设备之间联锁关系的图表。它显示了进路道岔、信号以及轨道区段之间的基本联锁内容。联锁表是依据车站信号平面图及布置图展示的线路,道岔、信号机以及轨道区段等情况,按照规定的原则和格式编制出来的。

联锁表包括方向栏、进路栏、进路号码栏（填写所有进路的顺序编号）、按钮栏、信号机栏、道岔栏、敌对信号栏、轨道区段栏和迎面进路栏等,图 7-3 为某车辆段站场图,表 7-2 为对应的联锁表。

3. 控制台表示盘盘面介绍

（1）进路按钮及表示灯　控制台每个信号复示器旁设置有进路按钮。其中,调车按钮为白色,用于办理调车进路；进、出段处设有绿色的进路按钮,用于办理列车进段、出段的进路。

（2）光带　在控制台表示盘盘面上利用光带模拟站场线路,通过光带的不同状态监督进路的锁闭和解锁、轨道区段的占用、空闲和故障以及道岔的开通方向等。控制台的光带有三种状态：平时应处于灭灯状态；显示红光带时,表示对应的轨道区段被占用或故障；当办理好进路时,控制台上该进路有关轨道区段均显示白光带。

（3）信号复示器　为监督室外信号机状态,在控制台模拟站场相应位置设置信号复示器。

信号复示器平时均处于熄灭状态,表示有关信号机处于关闭状态；控制台信号复示器点亮灯光表示相应信号机开放,例如信号复示器显示白灯,表示相应调车信号机开放；当信号复示器闪光时,表示相应信号机灯光熄灭。

（4）与道岔有关的按钮和表示灯　控制台设道岔总定位按钮和总反位按钮各一个,均为二位自复式,总定位按钮上方有一个绿灯,总反位按钮上方有一个黄灯,按下按钮时点亮相应灯光。

每组道岔设一个道岔按钮（双动道岔合用一个道岔按钮）,与道岔总定位按钮或总反位按钮配合使用,单独转换该组道岔。

每个道岔按钮上方设两个表示灯,绿灯亮表示道岔在定位,黄灯亮表示道岔在反位,道岔在转换中或挤岔时,其黄灯和绿灯均不亮。

（5）其他按钮　除上述外,控制台上还设置有引导按钮、引导总锁闭按钮、总取消按钮、总人工解锁按钮等按钮及各种报警表示灯,用于办理引导进路、取消进路和人工解锁进路等作业。

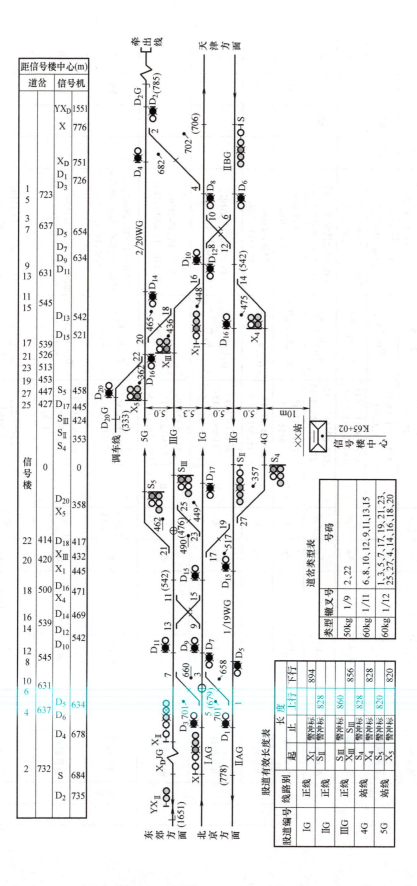

图 7-3 某车辆段站场图

表 7-2 图 7-3 对应联锁表

方向	进路	进路方式	排列进路按下按钮	确定运行方向道岔	信号机名称	信号机显示	表示器	道岔	敌对信号	轨道区段	迎面进路 列车	迎面进路 调车	其他联锁	进路号码
东郊方面 接车	至5股道		$X_D LA$、$S_5 LA$		X_D	U、U		5/7、9/11、13/15、(21)	D_{11}、S_5	7DG、11-13DG、21DG、<23/25>25 DG、5G	5G	5G		1
东郊方面 接车	至Ⅲ股道		$X_D LA$、$S_Ⅲ LA$		X_D	U		5/7、9/11、13/15、21,23/25	D_{11}、$S_Ⅲ$	7DG、11-13DG、21DG、25DG、ⅢG	ⅢG	ⅢG		2
东郊方面 接车	至Ⅰ股道		$X_D LA$、$D_{17} LA$		X_D	U、U		5/7、[9/11]、(13/15)、17/19、23/25	D_{11}、D_{13}、D_{17}	7DG、11-13DG、9-15DG、17-23DG、ⅠG		ⅠG		3
东郊方面 接车	至4股道		$X_D LA$、$S_4 LA$		X_D	U、U		5/7、[9/11]、(13/15)、17/19、23/25	D_{11}、D_{13}、S_4	7DG、11-13DG、9-15DG、17-23DG、19-27DG、4G	4G	4G		4
东郊方面 发车	由5股道		$S_5 LA$、$X_D LA$		S_5	L	B	(21)、13/15、9/11,5/7	D_{11}、X_D、$S_5 D$	21DG、<23/25>25DG、11-13DG、7DG			BS	5
东郊方面 发车	由Ⅲ股道		$S_Ⅲ LA$、$X_D LA$		$S_Ⅲ$	L	B	23/25、21、13/15、9/11,5/7	D_{11}、X_D、$S_Ⅲ D$	25DG、21DG、11-13DG、7DG			BS	6
东郊方面 发车	由Ⅱ股道		$S_Ⅱ LA$、$X_D LA$		$S_Ⅱ$	L	B	27、(17/19)、[23/25]、(13/15)、[9/11]、5/7	D_{13}、D_{11}、X_D、$S_Ⅱ D$	19-27DG、17-23DG、9-15DG、11-13DG、7DG			BS	7
东郊方面 发车	由4股道		$S_4 LA$、$X_D LA$		S_4	L	B	(27)、(17/19)、[23/25]、(13/15)、[9/11]、5/7	D_{13}、D_{11}、X_D、$S_4 D$	19-27DG、17-23DG、9-15DG、11-13DG、7DG			BS	8
东郊方面 发车	由5股道		$S_5 LA$、SLZA		S_5	L 或 LU		(21)、[13/15]、(9/11)、(1/3)	D_1、D_7、D_9、$S_5 D$	21DG、<23/25>25DG、11-13DG、9-15DG、3DG、1DG、<5/7>5DG、1DG、ⅡAG			BS	9
东郊方面 发车	由Ⅲ股道	1	$S_Ⅲ LA$、SLZA	(23/25)	$S_Ⅲ$	L 或 LU		(23/25)、17/19、13/15、9/11、(1/3)	D_{13}、D_9、D_7、$S_Ⅱ D$	25DG、<21>21DG、17-23DG、9-15DG、3DG、1DG、ⅡAG			BS	10
东郊方面 发车 列车	由Ⅲ股道	2	$S_Ⅲ LA$、BA、SLZA	23/25	$S_Ⅲ$	L 或 LU		23/25、21、[13/15]、(9/11)、(1/3)	D_9、D_7、D_1、$S_Ⅲ D$	25DG、21DG、11-13DG、9-15DG、3DG、<5/7>5DG、1DG、ⅡAG			BS	11

第7章　联锁系统

(续)

进路			编号	信号机	按钮	道岔位置	信号显示	道岔及道岔区段	轨道区段	股道	接车进路	敌对进路
北京方向	接车	由Ⅱ股道	12	S_{II}LA、S_{II}LZA		S_{II}	L或LU	27、17/19、1/3	D_{15}、D_5、D_1、S_{II}D	19-27DG、1/19WG、1DG、ⅡAG		BS
		由4股道	13	S_4LA、S_4LZA		S_4	L或LU	(27)17/19、1/3	$D_15、D_5、D_1$、S_4D	19-27DG、1/19WG、1DG、ⅡAG		BS
		至5股道 1	14	XLA、S_5LA	(5/7)	X	U、U	(5/7)、9/11、13/15、(21)	D_3、D_{11}、S_5D	IAG、5DG、<1/3>3DG、7DG、11-13DG、21DG、<23/25>25DG、5G	5G	5G
		至5股道 2	15	XLA、D_7A(D_9A)、S_5LA	5/7	X	U、U	5/7、1/3、(9/11)、[13/15]、(21)	D_3、D_7、D_9、S_5D	IAG、5DG、3DG、9-15DG、11-13DG、21DG、<23/25>25DG、5G	5G	5G
		至Ⅲ股道 1	16	XLA、S_{III}LA	(23/25)	X	U、U	5/7、1/3、9/11、13/15、17/19、(23/25)	D_3、D_7、D_9、D_{13}、S_{III}D	IAG、5DG、3DG、9-15DG、17-23DG、25DG、<21>21DG、ⅢG	ⅢG	ⅢG
		至Ⅲ股道 2	17	XLA、BA、S_{III}LA	(5/7)	X	U	(5/7)、9/11、13/15、21、23/25	D_3、D_{11}、S_{III}D	IAG、5DG、<1/3>3DG、7DG、11-13DG、21DG、25DG、ⅢG	ⅢG	ⅢG
		至Ⅰ股道	18	XLA、D_{17}LA		X	U、U	5/7、1/3、9/11、13/15、17/19、23/25	D_3、D_7、D_9、D_{13}、D_{17}	IAG、5DG、3DG、9-15DG、9-15DG、17-23DG、IG	IG	IG
		至4股道	19	XLA、S_4LA		X	U、U	5/7、1/3、9/11、13/15、(17/19)、{23/25}、(27)	D_3、D_7、D_9、D_{13}、S_4D	IAG、5DG、3DG、9-15DG、17-23DG、19-27DG、4G	4G	4G
	通过	由X经IG向天津方面		XTA、XIZA或(XLA、X_ILA、XIZA)		X/X_5	L/L或L/U	5/7、1/3、9/11、13/15、17/19、23/25、16、6/8、10/12、2/4	D_3、D_7、D_9、D_{13}、D_{17}、D_{12}、D_{10}、D_8	IAG、5DG、3DG、9-15DG、17-23DG、IG、16-18DG、8-10DG、4DG		

（续）

方向	进路	进路方式	排列进路按下按钮	确定运行方向道岔	信号机名称	信号机显示	表示器	道岔	敌对信号	轨道区段	迎面进路 列车	迎面进路 调车	其他联锁	近路号码
由 D_1 调车	至 D_9		$D_1A、D_7A$		D_1	B		(1/3)	$D_7、<(1/3)>、S_5L、S_{Ⅲ}L、S_{Ⅱ}L、S4L$	1DG、3DG、<5/7>5DG				20
	至 D_{15}		$D_1A、D_5A$		D_1	B		1/3	$D_5、<19>S_{Ⅲ}L、S4$	1DG				21
	至 D_9		$D_3A、D_7A$		D_3	B		5/7、1/3	$D_7、X$	5DG、3DG				22
	至 D_{11}		$D_3A、D_{11}A$		D_3	B		(5/7)	$X、<(5/7)>S_5D、S_{Ⅲ}D、D_{17}、S_{Ⅲ}D、S_4D$	5DG、<1/3>3DG、7DG				23
	向 D_1		$D_5A、D_1A$		D_5	B		1/3	$D_1、<19>、S_{Ⅱ}L、S_4L$	1DG				24
	向 D_1 信号机		$D_7A、D_1A$		D_7	B		(1/3)	$D_1、<(1/3)>S_5L、S_{Ⅲ}L、S_{Ⅱ}L、S4L$	DG、<5/7>5DG、1DG				25
	向 D_3 信号机		$D_7A、D_3A$		D_7	B		1/3、5/7	$D_3、X$	3DG、5DG				26
	至 5 股道		$D_9A、S_5DA$		D_9	B		(9/11)、[13/15]、(21)	$S_5、<9>X、S_{Ⅲ}、S_4$	9-15DG、11-13DG、21DG、<23/25>25DG	5G			27
	至 D_{13} 信号机		$D_{19}A、D_{13}A$		D_9	B		9/11、13/15	$D_{17}、<9>X、S_{Ⅲ}、S_4$	9-15DG				28
	至 5 股道		$D_{11}A、S_5DA$		D_{11}	B		9/11、13/15、21、23/25	$S_5、X_D、<13>X$	11-13DG、21DG、<23/25>25DG	5G			29
	至 Ⅲ 股道		$D_{11}A、S_5DA$		D_{11}	B		9/11、13/15、21、23/25	$S_{Ⅲ}、X_D、<13>X$	11-13DG、21DG、<23/25>25DG	Ⅲ G			30
	至 D_{13} 信号机		$D_{11}A、D_{13}A$		D_{11}	B		[9/11]、(13/15)	$X_D、D_{17}、S_{Ⅱ}、<(13/15)>S_{Ⅲ}、S_4$	11-13DG、9-15DG				31
	至 Ⅲ 股道		$D_{13}A、S_{Ⅲ}DA$		D_{13}	B		17/19、23/25	$S_{Ⅲ}、<17>X_D、X$	17-23DG、25DG、<21>21DGⅢG				32
	至 Ⅰ 股道		$D_{13}A、D_{17}A$		D_{13}	B		17/19、23/25	$D_{17}、<17>X_D、X$	17-23DG				33
	至 Ⅱ 股道		$D_{13}A、S_{Ⅱ}DA$		D_{13}	B		(17/19)、{23/25}、27	$S_{Ⅱ}、X、<(17/19)>X_D$	17-23DG、19-27DG	Ⅱ G			34
	至 4 股道		$D_{13}A、S_4DA$		D_{13}	B		(17/19)、{23/25}、(27)	$S_4、X、<(17/19)>X_D$	17-23DG、19-27DG	4G			35

进路								编号
D_{15}	至Ⅱ股道	$D_{15}A、S_{Ⅱ}DA$	D_{15}	B	17/19、27	$S_{Ⅱ}$	19-27DG	ⅡG	36
	至4股道	$D_{15}A、S_4DA$	D_{15}	B	17/19、(27)	S_4	19-27DG	4G	37
D_{17}	至D_7	$D_{17}A、D_9A$	D_{17}	B	23/25、17/19、13/15、9/11	$D_9、D_{13}、<9>X$	17-23DG、9-15DG		38
	向D_3	$D_{17}A、D_3A$	D_{17}	B	23/25、17/19、(13/15)、[9/11]、(5/7)	$X、D_3、D_{11}、D_{13}$	17-23DG、9-15DG、11-13DG、7DG、5 DG、<1/3>3 DG		39
	向X_D	$D_{17}A、X_DDZA$	D_{17}	B	23/25、17/19、(13/15)、[9/11]、5/7	$X_D、D_{11}、D_{13}$	17-23DG、9-15DG、11-13DG、7DG		40
S_{5D}	至D_7	$S_5DA、D_9A$	S_5	B	(21)、(9/11)、[13/15]	$D_9、S_5L、<(9/11)>X$	21DG、<23/25>25 DG、11-13DG、9-15DG		41
	向D_3	$S_5DA、D_3A$	S_5	B	(21)、9/11、13/15、(5/7)	$X、D_3、D_{11}、D_{13}$	21DG、<23/25>25 DG、11-13DG、7DG、5 DG、<1/3>3 DG		42
	向X_D	$S_5DA、X_DDZA$	S_5	B	(21)、9/11、13/15、5/7	$XD、D_{11}、D_{13}$	21DG、<23/25>25 DG、11-13DG、7DG		43
$S_{Ⅲ}D$	至D_7	$S_{Ⅲ}DA、D_9A$	$S_{Ⅲ}$	B	(23/25)、17/19、9/11	$D_9、D_{13}、S_{Ⅲ}L、<9>X$	25G、<21>21DG、17-23DG、9-15DG		44
	向D_3	$S_{Ⅲ}DA、D_3A$	$S_{Ⅲ}$	B	23/25、21、9/11、13/15、(5/7)	$X、D_3、D_{11}$	25DG、21DG、11-13DG、7DG、5 DG、<1/3>3 DG		45
	向X_D	$S_{Ⅲ}DA、X_DDZA$	$S_{Ⅲ}$	B	23/25、21、9/11、13/15、5/7	$X_D、D_{11}、S_{Ⅲ}L$	25DG、21DG、11-13DG、7DG		46

（续）

方向	进路	进路方式	排列进路按下按钮	确定运行方向道岔	信号机名称	信号机显示	表示器	道岔	敌对信号	轨道区段	迎面进路 列车	迎面进路 调车	其他联锁	远路号码
由 $S_{II}D$ 调车进路	至 D_7		$S_{II}DA、D_9A$		S_{II}	B		27、(17/19)、{23/25}、13/15、9/11	$D_9、D_{13}、S_{II}L、<9>X$	19-27DG、17-23DG、9-15DG				47
	向 D_3		$S_{II}DA、D_3A$		S_{II}	B		27、(17/19)、{23/25}、{13/15}、[9/11]、{5/7}	$X、D_3、D_{11}、D_{13}$	19-27DG、17-23DG、9-15DG、11-13DG、7DG、5DC、<1/3>3 DG				48
	向 X_D		$S_{II}DA、X_DDZA$		S_{II}	B		27、(17/19)、{23/25}、[13/15]、[9/11]、5/7	$X_D、D_{11}、D_{13}、S_{II}L$	19-27DG、17-23DG、9-15DG、11-13DG、7DG				49
	至 D_5		$S_{II}DA、D_5A$		S_{II}	B		27、17/19	$D_{15}、S_{II}L、<1>D_1$	19-27DG、1/19WG				50
由 S_4D 调车进路	至 D_7		$S_4DA、D_9A$		S_4	B		(27)、(17/19)、{23/25}、13/15、9/11	$D_9、D_{13}、S_4L、<9>X$	19-27DG、17-23DG、9-15DG				51
	向 D_3		$S_4DA、D_3A$		S_4	B		27、(17/19)、{23/25}、{13/15}、[9/11]、(5/7)	$X、D_3、D_{11}、D_{13}$	19-27DG、17-23DG、9-15DG、11-13DG、7DG、5DG、<1/3>3 DG				52
	向 X_D		$S_4DA、X_DDZA$		S_4	B		(27)、(17/19)、{23/25}、[13/15]、[9/11]、5/7	$X_D、D_{11}、D_{13}、S_4L$	19-27DG、17-23DG、9-15DG、11-13DG、7DG				53
	至 D_5		$S_4DA、D_5A$		S_4	B		(27)、17/19	$D_{15}、S_4L、<1/3>D_1$	19-27DG、1/19WG				54

4. 控制台操作说明

（1）办理进路　6502电气集中联锁采用双按钮选路方式，即只需在控制台上顺序按压进路的始端和终端按钮，就能够按照操作意图自动转换道岔、锁闭进路、开放信号，而且无论进路中有多少道岔，均能自动转换，简化了操作手续，提高了效率。

（2）进路的"取消解锁"　为了办理进路的"取消解锁"，控制台下方设置有总取消按钮。

信号开放后，当进路的接近区段没有被占用时，进路处于预先锁闭状态，如需解锁进路并关闭信号，可使用"取消解锁"的方法：同时按压进路始端按钮和总取消按钮，信号自动关闭，进路解锁，进路上白光带熄灭。

（3）进路的"人工解锁"　控制台下方设置有带有铅封的总人工解锁按钮，用于办理"人工解锁"。

信号开放后，当进路处于接近锁闭状态时，如需解锁进路并关闭信号，只能使用"人工解锁"的方法：同时按压进路始端按钮和总人工解锁按钮，信号自动关闭，进路经延时后解锁，进路上白光带熄灭。

（4）单独操纵道岔　当有关道岔区段未处于锁闭状态时，可以单独转换道岔。同时按压道岔按钮和"道岔总定位"按钮，道岔转换至定位，道岔表示灯显示绿灯；同时按压道岔按钮和"道岔总反位"按钮，道岔转换至反位，道岔表示灯显示黄灯。

（5）切断报警　当发生挤岔、跳信号、主灯丝断丝等故障时，6502电气集中控制台有声光报警，对于每种故障均设置有二位非自复式按钮用于切断声音报警。

例如当发生道岔挤岔或者道岔失去表示超过13s时，控制台上电铃鸣响，挤岔表示灯亮，相应道岔的定、反位表示灯均熄灭。车站值班员按下"挤岔"按钮使电铃暂停鸣响，并通知维修人员及时修复。修复后，电铃再次鸣响，通知车站值班员故障修复。拉出"挤岔"按钮，电铃停止鸣响。

7.4　计算机联锁

1. 计算机联锁的发展

20世纪70年代后期，随着计算机的迅速发展和推广应用，以及可靠性技术的进步，各国相继研究计算机联锁，从软件入手，采用通用计算机，通过软件或硬件冗余实现故障-安全。1978年，由瑞典研制的世界上第一套计算机联锁控制系统在瑞典哥德堡站的成功应用，掀开了车站联锁控制系统研究与应用的新篇章，到了20世纪90年代，不少国家已开始大面积推广计算机联锁控制系统。

20世纪80年代起，在我国铁道科学研究院、铁道部通信信号总公司研究设计院、北方交通大学等科学研究机构相继展开了计算机联锁控制系统的研制工作。1984年，铁道部通信信号总公司研究设计院研制生产出了国内第一个车站计算机联锁控制系统，并成功地应用于地方铁路，填补了我国计算机联锁控制系统的空白。

第一阶段——自20世纪80年代初开始，自主研发与全套引进并举。

全套引进：完全由外商作为系统承包商，全套引进国外的软、硬件系统，由我方配合外方实现应用程序的编制、修改和系统的工程开通。

第二阶段——自20世纪90年代末开始，引进核心硬件进行系统集成。
购买国外的核心硬件和系统平台软件进行二次开发，移植自主开发的应用软件并配套辅助系统，完全由我方作为系统承包商，外方起供货商和技术支持的作用。

第三阶段——约自2004年开始，以列控中心等技术为标志。

目前通过铁道部技术鉴定的有：
1) 铁科院通号所的 TYJL-Ⅱ型双机热备结构计算机联锁系统。
2) 通号总公司研究设计院的 DS-Ⅱ型双机热备结构计算机联锁系统。
3) 北京交大微联公司的 JD-1A 型双机热备结构计算机联锁系统。
4) 卡斯柯信号有限公司的 CIS-Ⅰ型双机热备结构计算机联锁系统。

2. 计算机联锁的特点

计算机联锁与传统继电联锁的主要区别如下：
1) 利用计算机对车站值班员的操作命令和现场监控设备的表示信息进行逻辑运算后完成对信号机、道岔进路的控制，并实现联锁关系。
2) 计算机发出的控制信息和现场传回的表示信息均可实现串行传输，节省电缆。
3) 用屏幕显示代替控制台表示盘，体积小，便于使用，还可根据需要多机并用。
4) 采用模块化软件和硬件结构，便于设备改造，并容易实现故障控制、分析等功能。

与继电联锁相比，计算机联锁具有以下显著优点：
1) 随着大规模集成电路的发展，计算机联锁系统性能价格比的优势将更大。
2) 采取硬件和软件冗余技术（如双机热备系统、三取二表决系统等）后，系统的安全性、可靠性将得到提高。
3) 联锁功能更加完善，便于增加进路储存、自动选路等新功能，克服6502电气集中联锁难以解决的问题。
4) 减少系统设计、施工、维护、改造的工作量，易于实现系统自身化管理，利用自诊断、自检测功能及远距离联网，实现远距离诊断。
5) 人机界面灵活、显示内容丰富、信息量大、便于与其他系统联网，提供及交换各种信息并协调工作，实现行车管理现代化。

作为行车安全控制的核心，计算机联锁系统应用大量电子元器件，系统中实现联锁运算的联锁计算机一旦出现硬件故障，影响面将会很大，甚至使系统不能工作，因此必须在抗电磁干扰及防止雷害等方面采取防护措施，在系统设计方面进一步提高其可靠性和安全性。

3. 计算机联锁设备的组成

下面以应用广泛的 TYJL-Ⅱ型计算机联锁系统为例介绍计算机联锁设备的组成。TYJL-Ⅱ型计算机联锁系统的结构如图7-4所示。

（1）操纵显示设备　计算机联锁的操纵显示设备有多种形式：数字化仪+显示器（见图7-4）以及控制表示合一的控制台等。其主要功能是供值班员办理各种行车命令，提供站场图形显示、语音和文字提示等。

（2）监控机　监控机的主要功能是作为人机接口，一方面接收来自控制台的操作命令和向控制台提供图像显示、语音、文字等信息；另一方面与联锁机进行信息交换，向联锁机提供初选的操作命令并接收来自联锁机的道岔、信号、轨道电路等表示信息。除上述外，监控机还向其他系统（如电务维修机、调度监督系统等）提供站场信息。

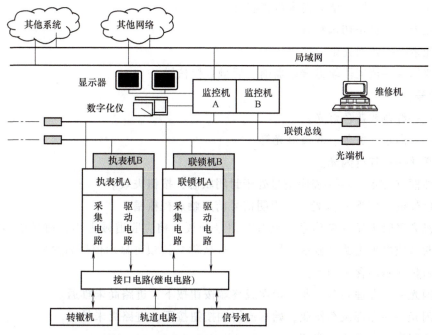

图 7-4　TYJL-Ⅱ型计算机联锁系统的结构

（3）联锁机　联锁机是计算机联锁系统的核心，根据现场信号设备状态和控制台操作命令，实现信号设备的联锁逻辑处理功能，完成进路确选和锁闭、发出转换道岔和开放信号等控制命令。

（4）执行表示机和输入/输出接口　执行表示机通过由继电电路构成的输入/输出接口，接收并执行来自联锁机的控制命令，采集并向联锁机发送现场设备信息。

（5）现场设备　现场设备保留电气集中联锁设备，道岔控制电路、信号机点灯电路、轨道电路等仍采用现有的成熟电路。

（6）其他设备　计算机联锁除上述设备外，还包括与其他系统连接的网络、电务维修机等设备。其中，电务维修机能够再现一个月之内系统的操作信息、故障诊断信息等，为维修工作提供便利。

4. 计算机联锁操作及显示

所有作业均在数字化仪上通过按压按钮或用鼠标在屏幕上单击"按钮"或在单元控制台上按压按钮进行操作。通过显示器（或控制台）显示操作的控制命令和现场的设备状态，显示器屏幕上有各种汉字提示，并通过语音代替电铃报警。当操作有误时，屏幕上将显示办理有误的提示。

（1）屏幕显示　屏幕显示按站场图形布置，平时显示的灰色光带为基本的轨道图形，绝缘在屏幕上用竖线表示，灰色为普通绝缘，红色带圆圈为超限绝缘。

1）轨道区段：

灰色光带——基本图形。

白色光带——进路在锁闭状态。

红色光带——轨道区段有车占用或区段故障。

绿色光带——区段出清后尚未解锁状态。
蓝色光带——进路初选状态。
青色光带——接通光带。
光带变细——该区段轨道继电器前、后触点校核错。

2）信号：
关闭——红色或蓝色灯光。
开放——白色、黄色、双黄灯光等。
灯丝断丝——红色闪光。
白色外框（方形）——表明信号处于封闭状态，按钮失效。
粉红色外框（圆形）闪光——表明信号前后触点校核错。

信号机旁平时不显示名称号，只有在信号开放、相应股道被占用、信号前后触点校核错、灯丝断丝或办理进路时显示。按压"信号名称"按钮可显示信号名称号。

信号名称显示的含义如下：
绿色闪光——办理列车作业，始端或终端按钮按下，进路尚未排通。
黄色闪光——办理调车作业，始端或终端按钮按下，进路尚未排通。
粉红色闪光——办理总取消。
红色闪光——办理总人解，正在延时解锁。
黄色——提示该信号在开放状态或相应股道被占用，信号前后触点校核错或断丝（断丝时信号复示器为红闪）。
浅灰色——办理总人解时，等待输入口令。
深灰色——按压信号名称按钮，显示全部信号名称。
红色外框（方形，在名称外）——表明该信号的接近轨道被占用，不允许再在该区段排列进路；机车退出，占用自动消失。

3）道岔：道岔岔尖处用缺口表示道岔位置，无缺口的一侧表示道岔开通位置。当道岔无表示时，道岔岔尖处闪白色光；当挤岔时，岔尖闪红色光，同时出现道岔名称。数字化仪盘面上道岔处箭头所指方向为道岔定位位置。按压"道岔名称"时，在显示器上道岔岔心处的短绿光带表示定位，短黄光带表示反位。

道岔名称有以下含义：
黄色——道岔正在转换。
红色——道岔单独锁闭。
白色——道岔封闭。
灰色——按压道岔名称按钮，显示全部道岔名称。

道岔单独锁闭是指可通过该道岔锁定位置排进路，但不能操纵；道岔封闭是指不能通过该道岔排进路，但道岔可以单独操纵。道岔封闭是专为电务人员维修道岔而设的。

4）按钮：数字化仪的操作按钮设在数字化仪台面上，操作时用光笔在控制台上按压有关按钮即可。采用鼠标控制的站场，利用单击鼠标左键来实现在屏幕上按压"按钮"的功能，屏幕上设置的按钮，除信号和道岔按钮外，其他按钮平时都隐含在屏幕内。在屏幕空白处单击鼠标左键，屏幕上方和下方会出现功能按钮，在屏幕空白处单击鼠标右键或单击"清提示"按钮可消除这些按钮。屏幕上的主要按钮如下：

信号按钮——屏幕上的列车信号机是列车按钮，调车信号机是调车按钮。当该信号机既有列车按钮又有调车按钮时，用"左键"单击为调车按钮，用"右键"单击为列车按钮。

道岔按钮——屏幕上道岔岔尖处为道岔按钮，双动道岔两端均为道岔按钮，点压任意一个均可。

功能按钮——包括"总取消""总人解""道岔总定""道岔总反""道岔单锁""道岔单解""封闭""清封闭""区段故障解锁"等按钮。办理时，先点压功能按钮，待屏幕上出现该功能的提示后，再点压有关的道岔或信号按钮，办理相关作业。

其他按钮——包括"上电解锁""区段解锁""信号名""道岔名""接通光带""清提示""清按钮""车次""破封检查"等，点击后完成相应功能。例如点压"信号名"按钮后屏幕上出现所有信号机名称，再点压一次显示消失。

（2）操作举例

1）办理进路。先点压始端信号按钮，例如点压 D17 信号，相应的 D17 信号名称闪光，并在屏幕下端提示："始端-D17"；再点压终端信号按钮，例如点压 D22 信号，相应的 D22 信号名称闪光，屏幕下端提示变为"始端-D17——终端-D22"。若满足选路条件，则开始转换道岔、锁闭进路、开放信号。若选路条件不满足，则提示"一按钮不符"或"一选路不通"或"一有区段锁闭"或"一有区段占用"或"一有道岔要点"等，并给出道岔或区段名称。

2）单独操纵和单独锁闭道岔。道岔区段在解锁状态时，允许办理单独操纵道岔。同时点压"总定位"（总反位）按钮和"道岔"按钮，屏幕提示处显示"道岔总定（总反）……C×××"。在道岔转换过程中，屏幕道岔岔尖处闪白光，同时道岔号显示黄色。点压"单独锁闭"按钮和"道岔"按钮，屏幕提示处显示"单独锁闭……C×××"，同时显示红色道岔号。单独锁闭后，不能再单独操纵道岔，但还可通过该道岔排列进路。点压"单独解锁"和"道岔"按钮，该道岔解锁。

3）封闭信号和封闭道岔。先按封闭按钮，再按压信号按钮或道岔按钮，这时信号机外套上白色方框，道岔名显示白色，表明信号机按钮已不能再进行操作，也不能再通过该道岔排进路。

4）进路的"取消解锁"和"人工解锁"。误办的进路，需要变更时，在进路未锁闭前可点压本咽喉的"总人解"或"总取消"按钮取消，然后还需点压"清按钮"按钮；锁闭后的进路需点压"总取消"或"总人解"按钮和"始端"按钮取消进路；当接近区段有车占用时，必须点压"总人解"按钮和进路始端按钮，延时 30s 或 3min 后解锁。

5）**对于带铅封按钮的操作。** 对于涉及行车安全需要慎重使用的按钮（即 6502 电气集中联锁带铅封的按钮），点压后屏幕将提示输入口令，输入口令后操作才被执行，微机系统自动记录，并且在屏幕提示栏有记录显示。

例如人工解锁以 D17 信号为始端的调车进路：先点压"总人解"，再点压 D17 按钮，此时屏幕下方提示"总人解-D17-请输入口令-123-"，据此依次点压数字 123，正确后屏幕下方提示"OK"，此时操作被执行。

7.5 正线联锁设备

1. SICAS 联锁系统

（1）设备的组成及功能　计算机联锁设备普遍分为五层，即操作显示层、联锁逻辑层、执行表示层、设备驱动层以及现场设备层。

SICAS 型计算机联锁分别对应为 LOW（Locale Operator Workstation，现场操作员工作站）、SICAS（联锁计算机）、STEKOP（现场接口计算机）、DSTT（接口控制模块）以及现场的道岔、轨道电路和信号机，如图 7-5 所示。

系统中联锁计算机对现场设备的控制有三种基本配置：一是带 DSTT（接口控制模块）的系统，由 SICAS（西门子计算机辅助信号系统）直接经 DSTT 控制现场设备；二是带 DSTT 和 STEKOP（现场接口计算机）的系统，SICAS 经 STEKOP 和 DSTT 控制现场设备；三是带 ESTT（电子元件接口模块系统）的系统，SICAS 直接经 ESTT 控制现场设备。除上述外，SICAS 联锁系统还有与 ATC 系统、其他联锁（车辆段联锁设备、相邻 SICAS）的接口。

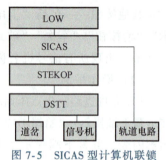

图 7-5　SICAS 型计算机联锁总体结构

LOW（现场操作员工作站）是人机操作界面，将设备和列车运行情况图形化显示，接收操作人员的操作指令并传递给联锁计算机进行处理。

SICAS 的联锁计算机根据需要可采用二取二结构或三取二结构，主要功能是接收来自 LOW 的操作指令和来自现场的设备状态信息，联锁逻辑运算，排列、监督和解锁进路，动作和监督道岔，控制和监督信号机，防止同时排列敌对进路，向 ATC 发出进入进路的许可，并将产生的结果状态和故障信息传送至 LOW。

根据配置不同，SICAS 对现场设备控制的部分包括 ESTT、DSTT、STEKOP 几部分：

1）ESTT 可直接连接 SICAS 和现场设备，ESTT 到联锁计算机的距离可达 100km。每个轨旁元件，如转辙机、信号机、速度监督元件等，都有一个电子元件接口模块。每个元件接口模块都有完整的硬件和所需控制轨旁元件的软件，大部分元件接口模块包含一个现场总线接口板 FEMES，用于保证 SICAS、ESTT、监控对象之间数据的传输。

2）DSTT 是分散式元件接口模块，经由并行线与 SICAS 相连，根据 SICAS 的命令控制现场设备，如道岔、信号机或轨道空闲检测系统。从联锁计算机到 DSTT 的最大距离是 30m，DSTT 与轨旁元件间最大距离为 1km。DSTT 系统的模块包括道岔元件接口模块 DEW-EMO、信号机元件接口模块 DESIMO、闪光元件接口模块 DEBLIMO。

3）STEKOP 是一个采用二取二结构的故障-安全型计算机，实现联锁计算机与 DSTT 间的连接，可控制 100km 的范围。STEKOP（链接，接点的含义）的主要功能是读入轨道空闲表示信息和开关量信息，根据 SICAS 发出的命令和 DSTT 的结构，分解命令，输出并控制 DSTT，实现对转换设备、显示单元的控制，并将开关量信息回传给 SICAS。

（2）联锁主机的结构　为保证设备安全和提高设备可靠性，目前联锁主机主要采用两种冗余方式：二取二系统和三取二系统。

二取二系统由两个各自独立的、相同的、对命令同步工作的计算机通道组成，过程数据由两个通道输入、比较并进行处理。只有当两个通道处理结果相同时才能输出。独立于数据流的在线计算机监测功能在一定的周期内完成一次，一旦检测到故障，此系统将停止工作，避免连续出现故障引起的危害。

三取二系统由三个各自独立的、相同的、对命令同步工作的计算机通道组成。过程数据由三个通道输入、比较并进行处理，只有当三个或两个通道处理结果相同时结果才能输出。如果其中一个通道故障，在该检测周期内相关通道会被切除，联锁计算机按二取二系统方式继续工作，只有当又一个通道故障时，系统才停止工作。采用这种三取二的方式，提高了系统的可靠性和安全性。

(3) 有关设备接口

1) 与车辆段联锁接口。正线车站与车辆段的信号接口设有相互进路照查电路，操作人员只有确认设置于控制台或计算机屏幕的照查表示灯显示后才能开放信号。主要联锁关系如下：

① 不能同时向对方联锁区排列进路。

② 当进路中包含有对方轨道电路时，必须根据对方相关轨道电路空闲信息进行进路检查，进路排出后须将排列信息传送至对方并要求对方排出进路的另一部分。

③ 列车入段时，车辆段必须先排接车进路，正线车站才能排列入段进路，以减少对咽喉区的影响。

2) 与洗车机接口。只有得到洗车机给出的同意洗车信号时，才能排列进入洗车线的进路，否则，不能排列进路。

3) 与防淹门接口。在发生特别情况时，SICAS 联锁通过与防淹门的接口保证列车运行安全。联锁设备与防淹门间传递的信息包括防淹门"开门状态"信息、"非开状态"信息"请求关门"信号以及信号设备给出的"关门允许"信号。

"防淹门"的作用主要是当过江隧道破裂、江水涌进地铁站等意外事故发生时，闸门能根据信号在短时间内自动紧急关闭，防止事态扩大。据介绍，这四扇"防淹门"每扇能抵御的最大水压冲力是 419t，相当于 $1cm^2$ 大的指甲承受 23kg 的压力。另外，门槽四周采用 P 型橡胶水封，与机车轨道接触的部分则采用特殊结构，使得闸门关闭时，闸门与轨道之间滴水不漏。

其基本联锁关系的主要表现：

① 只有检测到防淹门的"开门状态"信号而且未收到"请求关门"信号时才能排列进路。

② 信号机开放后，收到防淹门"非开状态"信号时，立即关闭并封锁信号机。

③ 信号机开放后，收到防淹门"请求关门"信号时，关闭并封锁始端信号机并取消进路（接近区段有车时延时 30s 取消进路），通过轨道电路确认隧道内没有列车后立即发出"关门允许"信号，否则需要防淹门操作人员人工确认列车运行情况并根据有关规定人工关门。

4) 与 ATC 接口。SICAS 联锁与 ATC 的连接通过逻辑的连接来实现，响应来自 ATS 的命令，进行联锁逻辑运算，在满足安全的前提下，控制进路、道岔和信号机，并将进路、轨道电路、道岔、信号机的状态信息提供给 ATS（列车自动监视）、ATP（列车自动防护）、

ATO（列车自动运行），主要设备状态信息如下：

信号机的状态——信号机的开放、关闭。

道岔位置——道岔的定位、反位、四开、挤岔。

轨道电路状态——占用、锁闭、空闲。

5）与相邻联锁系统接口。城市轨道交通正线车站被划分为数个联锁区，各联锁区的相互连接经由联锁总线通过连接中央逻辑层实现，联锁边界处的每个设备均以其进路特征反映至相邻联锁系统。

2. 进路控制

（1）进路设置　为确保城市轨道交通高密度行车下的安全，SICAS 联锁系统与 ATP 相结合，进路由防护信号机防护，但列车在进路中的运行安全由 ATP（列车自动防护）负责。

1）ATS（列车自动监视）的自动列车进路。ATS 按照运行图，根据列车的车次号，结合列车的运行位置，发送排列进路的命令给 SICAS 联锁，自动排列进路。

2）RTU（远程终端设备）的自动列车进路。当中央 ATS 系统故障或与 OCC（控制中心）中央设备的传输通道故障时，驾驶员在列车人工输入目的地码，车站 ATS 的远程终端单元（RTU）能根据从轨旁 PTI 环线（即车地通信轨旁接收设备）接收到的目的地码，向 SICAS 联锁发布排列进路命令，自动排列进路。

3）追踪进路。这是 SICAS 联锁自有的功能，在列车占用触发轨时，SICAS 可向带有追踪功能的信号机发布排列进路命令，自动排列出一条固定的进路，开放追踪进路的信号。

4）人工排列进路。可由操作员在获得操作权的 LOW（现场操作工作站）或中央 ATS 的 MMI（人机接口，人机界面）上，通过鼠标和键盘输入排列进路命令，人工排列进路。

人工排列进路始终优先，自动列车进路与追踪进路功能是对立的，对于单个信号机而言，选择了自动排列进路，就不能选择追踪进路。操作员可在 LOW 或 MMI 上输入命令，开放或关闭信号机的自动排列进路或追踪进路功能。

（2）进路排列的条件

1）进路中的道岔没有被征用在相反的位置上。

2）进路中的道岔没有被人工锁定在相反的位置上。

3）进路中的道岔区段、轨道区段没有被封锁。

4）进路中的信号机没有被反方向进路征用。

5）进路中的监控区段没有被进路征用（如列车正在通过进路的监控区段或列车通过进路后，监控区段不能正常解锁，出现绿光带现象，则进路不能排列）。

6）进路的非监控区段没有被其他方向进路征用（如要排列进路的轨道区段（含保护区段）被其他方向的进路征用或其他方向进路的轨道区段在解锁时出现非正常解锁且这些区段刚好属于要排列的进路的某些区段，则进路不能排列。注：如果进路的非监控区段是被同方向的进路征用，则可以再次征用）。

7）从洗车场接收到一个允许洗车的信号（只适用于排列进洗车线的进路）。

8）与相邻联锁通信正常（只适用于排列跨联锁区的进路）。

9）防淹门打开且未请求关闭（只适用于排列通过防淹门的进路）。

10）与车场的照查功能正常（只适用于排列进车场的进路）。

符合以上条件，进路能排列。进路在排列过程中，进路的道岔（含侧防道岔）能自动转换至进路的正确位置。

（3）有关概念

1）进路的组成。进路一般由三部分组成，分别为主进路、保护区段及侧面防护。主进路是指进路上从始端信号机至终端信号机的路径，分为监控区段（含道岔区段）、非监控区段。保护区段是指终端信号机后方的一至两个区段。侧面防护由道岔、信号机及轨道区段的单个元素或组合元素组成。

2）多列车进路。SICAS 联锁中一般不设通过信号机，只设置防护信号机，有些进路包含了若干个轨道区段（多至十几个轨道区段）。由于城市轨道交通运行间隔小、车流密度大，列车运行安全由 ATP 系统保护，因此一条进路中允许多个列车运行。如图 7-6 所示，S1、S2 为多列车进路，只要监控区空闲即可排出以 S1 为始端的进路，开放 S1。

对于多列车进路，当列车 1 出清监控区后，即可排列第二条相同始端的进路。进路排出后，只有当列车 2 通过后才能解锁。

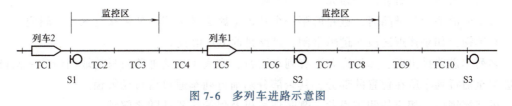

图 7-6　多列车进路示意图

3）联锁监控区段。为了提高建立进路的效率，联锁系统把进路的区段分为监控区段和非监控区段两部分。进路建立后，当列车没有出清监控区段后，该进路不能再排列。当列车出清监控区段进入非监控区段后，即使非监控区段还没有全部解锁，该进路仍可再次排列，且信号能正常开放。

在无岔进路中，通常始端信号机后两个区段为监控区段，如图 7-6 所示，其他为非监控区段。

在有岔进路中，从进路的第一个轨道区段开始，一直到最后一个道岔区段的后一区段为止都是监控区段，其他为非监控区段。

4）保护区段。保护区段也叫重叠区段，如图 7-7 所示，设置保护区段的目的是避免列车由于某种原因不能在信号机前方停车而冲出信号机导致危及列车安全事故的发生。

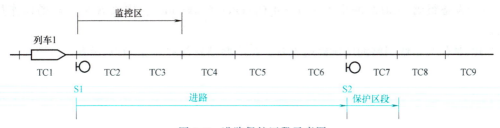

图 7-7　进路保护区段示意图

进路可以带保护区段或不带保护区段排出。对于短进路，保护区段与进路同时建立；为了不妨碍其他列车运行，对于长进路，可以通过目的轨的占用来触发，使保护区段延时设置。

5）侧面防护（侧防）。SICAS 联锁中没有联动道岔的概念，所有道岔都按单动道岔处理。排列进路时通过侧面防护把相关的道岔及信号机锁闭在联锁要求的位置,以避免其他列车从侧面进入进路,确保安全。侧面防护包括主进路的侧面防护和保护区段的侧面防护,如图 7-8 所示。

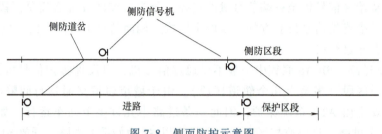

图 7-8 侧面防护示意图

6) 进路的解锁。SICAS 联锁中正常的进路解锁采用类似国内铁路集中联锁的三点检查方式,列车出清后,后方的进路元素自动解锁。

人工取消多列车进路时,进路的第一个轨道电路必须空闲。如果接近区段逻辑空闲,进路及时解锁,如果接近区段非逻辑空闲,进路延时 60s 解锁。

多列车进路排出后,如果进路中有列车运行,则人工取消进路时只能取消最后一次排列的进路至前行列车所在位置的部分,其余部分随前行列车通过后自动解锁。

进路解锁后,相应的侧防道岔、侧防信号机及保护区段都随之解锁。

7) 轨道区段的 Kick-off 功能:

① 物理空闲和物理占用。轨道区段的物理空闲是指列车检测设备(轨道电路、计轴设备等)反映室外的轨道电路区段实际没有被列车占用的状态,此时轨道继电器处于吸起状态。轨道区段的物理占用是指列车检测设备(轨道电路、计轴设备等)反映室外的轨道电路区段实际被列车占用的状态,此时轨道继电器处于落下状态。

② 逻辑空闲和逻辑占用。当轨道区段物理占用时,系统认为该区段也处于逻辑占用状态。

8) 计轴。计轴是正线信号系统的重要设备之一,具有轨道区段空闲检查、列车完整性检查等功能,是正线信号系统降级后的重要设备。

3. LOW 的组成

(1) 设备组成 LOW 的全称是 Local Operator Workstation,中文含义为现场操作员工作站。

LOW 是信号系统网络的区域终端设备,每个联锁站都有一套 LOW 设备,主要由一台电脑和一台记录打印机组成。SICAS 联锁系统的本地操作和表示是通过 LOW 来完成的。联锁等设备和行车状况(轨道占用、道岔位置和信号显示等)在彩色显示器上以站场图的形式显示,使用鼠标和键盘,在命令对话窗口上可以实现常规命令及安全相关命令的联锁操作。所有安全相关命令的操作、操作员登录/退出操作、设备故障报警等信息将被记录存档。根据实际控制需要,每个联锁系统可以拥有几个操作控制台,或者几个联锁系统采用一个控制台。

(2) 屏幕显示 LOW 的屏幕显示由三部分组成,自上而下为基本窗口、主窗口和对话窗口。

1）基本窗口。计算机启动进入后第一个出现的窗口为基本窗口，如图 7-9 所示。

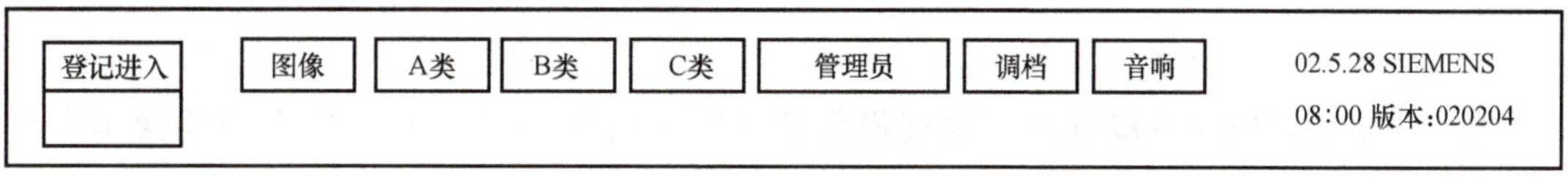

登记进入	图像	A 类	B 类	C 类	管理员	调档	音响	02.5.28 SIEMENS
								08:00 版本:020204

图 7-9　LOW 基本窗口

按钮的主要功能如下：

① 登记进入/登记退出按钮：系统将检查姓名及口令，如果正确，登记进入按钮将改为登记退出按钮，并且下面的输入框将使用者的姓名灰显，说明已成功登录 LOW，可以根据权限对 LOW 进行操作。

② 图像按钮：用于在主窗口中显示联锁区的站场图。

③ 报警按钮：分为 A、B、C 三类，A 类级别最高，C 类级别最低。如果不存在报警，报警按钮显示灰色。一旦出现报警，相应级别的报警按钮开始闪烁并发出声音报警，报警级别越高，报警声越持久，越响亮。单击相应的报警按钮即可对报警进行确认，就可以打开相应的报警单，然后选择需要确认的报警信息，再在对话窗口中单击报警确认按钮就可以对报警进行应答。报警单中只要有一个报警未被应答，报警按钮会保持红色闪烁，当报警单中的所有报警都被应答，报警按钮呈永久红色，报警声被关闭，故障修复后红色消失。

④ 管理员按钮：只有用管理员身份及密码登记进入时才显示出来，并可以设置或更改操作员的操作权利，不是管理员登录时，此按钮会显示灰色。

⑤ 调档按钮：用于查询、打印联锁装置 48h 内的特别情况记录存档，如来自现场设备或联锁的信息和报警、来自 RTU/ATS 的信息和报警、LOW 内部出现的错误、登记进入/登记退出报告等。

⑥ 音响按钮：单击该按钮可关闭报警声音，直到下一次报警出现。

⑦ 日期和时间：显示当前日期和时间。

⑧ 版本号：显示现用的版本，版本号必须在故障信息报告中注明。

2）主窗口。启动 LOW 后进入主窗口，显示整个联锁区线路、信号等设备状态，并能够选择元件进行操作。

3）对话窗口。对话窗口主要由命令按钮栏、执行按钮、取消按钮、记事按钮以及综合信息显示栏组成。

① 命令按钮栏：可以显示当前的所有命令按钮，以供操作员选择，命令按钮栏可根据不同要素的选择，显示出所选要素的所有操作命令，如果没有选择任何要素，命令按钮栏显示的命令为对联锁的所有操作。

② 执行按钮：用于执行当前的操作，当单击执行按钮后，当前的操作就会被联锁记录执行。

③ 取消按钮：用于取消当前的操作。

④ 记事按钮：用于打开记事输入框、记录情况（平时不用）。

⑤ 综合信息显示栏：用于显示信号系统的各种供电情况以及自排、追踪情况。如果相应的供电正常，相应的显示为绿色字体；如果故障，则显示红色字体；而如果没有打开自排功能，自排全开的字体为白色，一旦打开了自排功能则自排全开字体为绿色。对于追踪进

路，如果打开追踪功能，追踪进路字体为黄色；没有打开追踪功能，则追踪进路字体为白色。

4. LOW 的操作命令

操作命令根据安全等级分为"常规操作命令"（用 R 表示）和"安全相关操作命令"（用 K 表示）。

安全相关操作命令是指该命令执行后可能会影响行车安全或设备安全的命令。安全相关命令只有在 LOW 上才可以操作，其安全责任主要由操作员负责，故必须确认相关的操作前提并且须输入正确的命令，操作完毕后必须在值班日记中做好记录。

持有 LOW 操作证者，在 LOW 的操作命令见表 7-3。

表 7-3　LOW 的操作命令

相关设备	按钮名称	命令含义	安全相关命令	备　注
联锁	自排全开	本联锁区全部信号机处于自动排列进路状态	否	关闭所有具有自排功能信号机的追踪进路功能
	自排全关	本联锁区全部信号机处于人工排列进路状态	否	
	追踪全开	本联锁区全部信号机处于联锁自动排列进路状态	否	关闭所有具有追踪功能信号机的自排功能
	追踪全关	本联锁区全部信号机处于取消联锁自动排列进路状态	否	
	关闭信号	关闭并封锁联锁区全部信号机	否	
	交出控制	向 OCC 交出控制权	否	
	接收控制	从 OCC 接收控制权	否	控制中心(ATS)已交出控制权
	强行站控	在紧急情况下，车站强行取得 LOW 的控制权	是	强行站控后必须报告行调(C-LOW 无此命令)
	重启令解	系统重新启动后，解除全部命令锁闭	是	指的是 SICAS 系统重新启动
	全区逻空	设定全部轨道区段空闲	是	
轨道区段	封锁区段	将区段封锁，禁止通过该区段排列进路	否	
	解封区段	取消对区段的封锁，允许通过该轨道区段排列进路	是	
	强解区段	解锁进路中的轨道区段	是	
	轨区逻空	把轨道区段设为逻辑空闲	是	
	轨区设限	设置该轨道区段的限制速度	是	无进路状态下使用
	轨区消限	取消对轨道区段的限制速度	是	
	终止站停	取消运营停车点	否	只能用于正常运营方向
	单独锁定	锁定单个道岔，阻止电操作转换	否	
	取消锁定	取消对单个道岔的转换，道岔可以转换	是	
	转换道岔	转换道岔	否	
	强行转岔	轨道区段占用时，强行转换道岔	是	
	封锁道岔	将道岔封锁，禁止通过道岔排列进路	否	道岔可通过转换道岔命令进行位置转换

(续)

相关设备	按钮名称	命令含义	安全相关命令	备注
道岔	解封道岔	取消对道岔的封锁,允许通过道岔排列进路	是	
	强解道岔	解锁进路中的道岔	是	接近区段有车,延时30s解锁
	岔区逻空	把道岔区段设置为逻辑空闲	是	
	岔区设限	对道岔区段设置限制速度	是	
	岔区消限	取消对道岔区段的限制速度	是	在LCP盘上用消限钥匙接通消限电路,并在30s内完成操作
	挤岔恢复	取消挤岔逻辑标志	是	
信号	关单信号	设置信号机为关闭状态	否	只能作用于已开放的信号机
	封锁信号	封锁关闭状态下的信号机	否	只能开放引导信号
	解封信号	取消对关状态下的信号机的封锁	是	
	开放信号	设置信号机为开放状态	否	信号达到主信号层,没有被封锁
	自排单开	设置把单个信号机为自动排列进路状态	否	信号机具备自排功能且追踪全开功能没有打开
	自排单关	设置单个信号机为人工排列状态	否	
	追踪单开	设置单个信号为联锁自动排列进路状态	否	
	追踪单关	单个信号机取消由联锁自动排列进路状态	否	信号机具备全开功能且自排全开功能没有打开
	开放引导	开放引导信号	是	

在操作LOW过程中,操作员必须确认进路要素以正确的方式显示,否则应立即停止和取消该项操作,并报告行车调度员(以下简称"行调")。行调根据具体情况,当确认LOW不能正常操作时,发布停止使用命令,按LOW设备故障进行处理,组织行车。

LOW操作员在结束操作或临时离开车站控制室时,应将LOW退回到登记进入状态,严禁中断LOW工作,进行与行车无关的工作。

LOW工作站的设备管理人员或维修人员需操作LOW时,应征得车站值班站长同意,并经行调授权,以自己的用户名和口令登记进入系统,在不影响行车的情况下方可进行操作。

5. LOW的操作举例
(1) 对进路的操作
1) 排列进路。在LOW上排列进路,首先要用鼠标的左键单击LOW主窗口上要排列进路的始端信号机,再用鼠标的右键单击要排列进路的终端信号机,此时所选始端信号机和终端信号机都会被打上灰色底色;然后在对话窗口中的命令显示栏(在LOW的左下角)用鼠标的左键单击"排列进路"命令;最后用鼠标的左键单击对话窗口中的"执行"按钮。此时,联锁计算机就会自动检查该进路的进路建立条件,如果满足进路的建立条件,相应的进路会自动建立,并进入相应的监控层。如果到达了主信号层,且始端信号机正常时,始端信号机就会自动开放；但如果只到达了引导层，始端信号机不会开放，只能在满足开放引导信号的条件下人工开放引导信号。

2）取消进路。在 LOW 上取消一条已排好的进路，首先要用鼠标的左键单击 LOW 主窗口上该进路的始端信号机，再用鼠标的右键单击该进路的终端信号机，此时所选始端信号机和终端信号机都会被打上灰色底色；然后在对话窗口中的命令显示栏（在 LOW 的左下角）用鼠标的左键单击"取消进路"命令；最后用鼠标的左键单击对话窗口中的"执行"按钮。

说明：在对 LOW 进行操作过程中，只有在排列进路及取消进路时，才会用到鼠标的右键，其他的操作都只用鼠标的左键。

(2) 对道岔的操作

1）显示意义。LOW 上的道岔结构如图 7-10 所示，显示意义见表 7-4。

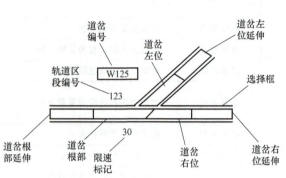

图 7-10　LOW 上的道岔结构

表 7-4　LOW 上道岔的显示意义

元　素	显示及状态	显　示　意　义
道岔编号	白色	道岔无锁定
	红色	道岔单独锁定
	稳定	正常
	上锁	出现 kick-off 储存故障
	显示	没有被进路征用
	不显示	被进路征用锁闭
岔体	黄色	常态、空闲、没有被进路征用
	绿色	空闲、被进路征用
	淡绿色	空闲、被进路征用为保护区段
	红色	占用、物理占用
	粉红色(中部)	占用、逻辑占用
	深蓝色(中部)	已被封锁，拒绝通过该区段排列进路
	灰色	无数据
道岔位置	有颜色显示	在左位或右位
	道岔左位闪烁(短闪)	道岔左位转不到位(左位无表示)
	道岔右位闪烁(短闪)	道岔右位转不到位(右位无表示)
	道岔左右位及延伸部分闪烁(长闪)	道岔挤岔

2）基本操作。在 LOW 上对道岔进行操作时，必须用鼠标的左键单击 LOW 主窗口上的道岔元件或道岔编号，此时所选元件被打上灰色底色；然后在对话窗口中的命令显示栏（在 LOW 的左下角）用鼠标的左键单击所需的命令；最后用鼠标的左键单击对话窗口中的"执行"按钮。

道岔区段设置了限速,限速的列车最高速度会以红色的 60、45、30、15 字体在相应的区段下方显示出来。此时,列车通过该道岔区段的最高速度不能大于此限制速度,可设置的速度分别为 60km/h、45km/h、30km/h、15km/h 四种。

(3) 对轨道区段的操作

1) 显示意义。LOW 上的轨道区段组成如图 7-11 所示。LOW 上轨道区段的显示意义见表 7-5。

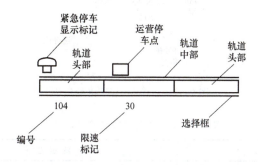

图 7-11　LOW 上的轨道区段组成

表 7-5　LOW 上轨道区段的显示意义

元　　素	显示及状态	显示意义
轨道区段	黄色	常态、空闲、没有被进路征用
	绿色	空闲、被进路征用
	淡绿色	空闲、被进路征用为保护区段
	红色	占用、物理占用
	粉红色(中部)	占用、逻辑占用
	深蓝色(中部)	已被封锁、拒绝通过该区段排列进路
	灰色	无数据
	稳定	表示正常
	闪烁	表示在延时解锁中
运营停车点	红色	常态、设置了停车点
	绿色	取消了停车点
紧急停车显示标记	站台区段会出现一个红色闪烁的按钮	按压了紧急停车按钮,紧急停车生效
	红色闪烁的按钮消失	按压了取消紧急停车按钮,列车可正常运行
区段限速标记	区段下方显示红色字体的 60、45、30、15	列车以不大于此限速通过该区段

2) 基本操作。对轨道区段进行操作,必须用鼠标的左键单击 LOW 主窗口上的轨道元件或轨道编号,此时所选元件被打上灰色底色;然后在对话窗口中的命令显示栏用鼠标的左键单击所需的命令;最后用鼠标的左键单击对话窗口中的"执行"按钮。

(4) 对信号机的操作

1) 显示意义。LOW 上信号机的组成如图 7-12 所示,LOW 上信号机各部分的显示意义见表 7-6。

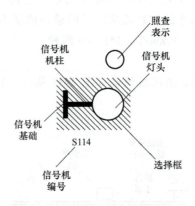

图 7-12 LOW 上信号机的组成

表 7-6 LOW 上信号机的显示意义

元　　素	显示及状态	显　示　意　义
信号机编号	红色	处于人工排列进路状态
	绿色	处于自动排列进路状态
	黄色	处于追踪进路状态
	稳定	信号机正常
	闪烁	信号机红灯断主丝故障或绿灯/黄灯灭灯
信号机基础	绿色	主信号控制层(处于监控层;在进路状态)
	黄色	引导信号控制层(处于监控层;在进路状态)
	红色	非监控层(无进路状态或进路未建立)
	稳定	信号机正常
	闪烁	在延时中(进路延时取消,进路延时建立或保护区段延时解锁)
信号机特性	绿色	信号机开放,且开放主信号
	黄色	信号机开放引导信号
	红色	信号机关闭,且未开放过(针对本次进路)
	蓝色	信号机关闭,但曾经开放过(针对本次进路;在重复锁闭状态)

2) 基本操作。对信号机进行操作,必须用鼠标的左键单击 LOW 主窗口上的信号机元件或信号机编号,此时所选元件被打上灰色底色;然后在对话窗口中的命令显示栏用鼠标的左键单击所需的命令;最后用鼠标的左键单击对话窗口中的"执行"按钮。

3) 虚拟信号机。当现场不设置信号机时,会由于进路过长导致运营效率降低,为解决这一问题,引入了虚拟信号机。虚拟信号机在 LOW 上的显示跟正常的信号机是一样的,功能也一样,只是在编号前加了一个"F",如 FX302 等。

需要说明的是虚拟信号机在现场设备中是不存在的。

6. LCP 盘的操作

(1) 紧急停车

1) 有效操作紧急停车的前提条件是列车在 SM、ATO 及 AR 模式下驾驶。

2）紧急停车有效的区段范围是相应的站台区段及其相邻的区段（或者列车运行正方向离去的第一个区段）。

在必要时，可以按压站台紧急停车箱里的按钮或 LCP 盘上的紧急停车按钮。

3）在 LCP 盘上紧急停车的操作步骤及现象如下：

① 在 LCP 盘上按压相应的紧急停车按钮。

② LCP 盘上相应的紧急停车指示灯亮红灯，并发出电铃报警声音，同时在 LOW 上相应的站台区段出现红色闪烁。

③ 执行切除报警操作，按压相应的切除报警按钮，消除报警声音。

4）在 LCP 盘上切除紧急停车功能的操作步骤及现象如下：

① 在 LCP 盘上按压相应的取消紧停按钮。

② LCP 盘上相应的紧急停车指示灯灭，并发出电铃报警声音，同时在 LOW 上相应的站台区段的红色闪烁消失。

③ 此时应执行切除报警操作，按压相应的切除报警按钮，消除报警声音。

5）在站台上操作紧急停车按钮后，在 LCP 盘上出现的现象如下：

① 在站台上按压紧急停车箱里的紧急停车按钮，LCP 盘上相应的紧急停车指示灯亮红灯，并发出报警声音，同时在 LOW 上相应的站台区段出现红色闪烁。当执行切除报警操作后，电铃报警声音消除。

② 当需要切除紧急停车功能时，在 LCP 盘上按压相应的取消紧停按钮，LCP 盘上相应的紧急停车指示灯灭，并发出电铃报警声音，同时在 LOW 上相应的站台区段的红色闪烁消失。当执行切除报警操作后，电铃报警声音消除。

（2）扣车

在 LCP 盘上进行扣车的操作步骤及现象如下：

1）有效操作扣车的前提条件是列车在 SM、ATO 及 AR 模式下驾驶，列车未进入站台或停稳在站台时运营停车点未取消。只有满足以上两个条件，扣车操作才有效。

2）扣车的有效区段是站台区段。

3）扣车操作的步骤及现象：在 LCP 盘上按压相应的"扣车"按钮，LCP 盘上相应的扣车指示灯红灯闪烁（说明：如果是 OCC 运行控制中心扣车，LCP 盘上相应的扣车指示灯为稳定红灯）；同时在 LOW 上发生 B 类报警，记录对应站台区段的扣车提示内容，并发出报警声音，此时应单击 LOW 基础窗口上音响按钮，消除报警声音。

4）在 LCP 盘上对扣车进行"放行"操作的步骤及现象：在 LCP 盘上按压相应的"取消扣车"按钮，LCP 盘上相应的扣车指示灯灭；然后再按压相应的"扣车"按钮一次（复位）；最后再按压相应的"取消扣车"按钮一次（复位）；同时在 LOW 上对应的 B 类报警的第三栏有"扣车恢复"的提示信息。

5）扣车的原则：如果 LCP 盘上运营停车点指示灯亮黄灯，扣车操作有效；在 ATS 系统正常时，如果 LCP 盘上运营停车点指示灯黄灯灭时，扣车操作无效，因为此时运营停车点已被取消。如果只是指示灯黄灯灯丝断丝，可以进行扣车操作；在 ATS 系统故障时，信号系统将自动进入 RTU 降级模式或 LOW 人工控制模式，此时只要运营停车点未取消，扣车操作有效。

第8章

列车自动控制（ATC）系统

8.1 ATC 系统概述

列车自动控制系统（以下简称 ATC 系统）是城市轨道交通信号系统最重要的组成部分，它实现了行车指挥和列车运行自动化，能最大程度地保证列车运行安全，提高运输效率，减轻运营人员的劳动强度，发挥城市轨道交通的通过能力。ATC 系统的技术含量高，运用了许多当代重要的科技成果。

8.2 ATC 系统的组成和功能

1. ATC 系统的组成

列车自动控制（Automatic Train Control，ATC）系统包括三个子系统：
1) 列车自动防护（Automatic Train Protection，ATP）系统。
2) 列车自动运行（Automanc Train Operation，ATO）系统。
3) 列车自动监控（Automatic Train Supervision，ATS）系统。

2. ATC 系统的功能

ATC 系统包括五个原理功能：ATS 功能、联锁功能、列车检测功能、ATC 功能和 PTI（列车识别）功能。

（1）ATS 功能　可自动或由人工控制进路，进行行车调度指挥，并向行车调度员和外部系统提供信息。ATS 功能主要由位于 OCC（控制中心）内的设备实现。

（2）联锁功能　响应来自 ATS 功能的命令，在随时满足安全准则的前提下，管理进路、道岔和信号的控制，将进路、轨道电路、道岔和信号的状态信息提供给 ATS 功能和 ATC 功能。

（3）列车检测功能　一般由轨道电路完成。

（4）ATC 功能　在联锁功能的约束下，根据 ATS 的要求实现列车运行的控制。

ATC 功能有三个子功能：
1) ATP/ATO 轨旁功能——负责列车间隔和报文生成。
2) ATP/ATO 传输功能——负责发送感应信号，它包括报文和 ATC 车载设备所需的其他数据。
3) ATP/ATO 车载功能——负责列车的安全运营和列车自动驾驶，且给信号系统和驾驶员提供接口。

（5）PTI（列车识别）功能　通过多种渠道传输和接收各种数据，在特定的位置传给 ATS，向 ATS 报告列车的识别信息、目的号码、乘务组号和列车位置数据，以优化列车运行。

8.3　ATC 系统的水平等级

为确保行车安全和线路最大通过能力，根据国内外的运营经验，一般最大通过能力小于 30 对/h 的线路宜采用 ATS 和 ATP 系统，实现行车指挥自动化及列车的超速防护；在最大通过能力较低的线路，行车指挥可采用以调度员人工控制为主的 CTC（调度集中）系统；最大通过能力大于 30 对/h 的线路，应采用完整的 ATC 系统，实现行车指挥和列车运行自动化。

ATO 系统对节能、规范运行秩序、实现运行调整、提高运行效率等具有重要的作用。但不同的信号系统设或不设 ATO 系统会使运营费用差异较大，不过即使是通过能力为 30 对/h 的线路，有条件时也可选用 ATO 系统。根据运营需要，信号系统还应满足最大通过能力为 40 对/h 的总体要求。

对于城市轨道交通，通过能力的发挥往往受制于折返能力，而折返能力与线路条件、车辆状态、信号系统水平等因素有关。因此，通过能力要求较高时，折返能力需与之相适应，必须对上述因素进行综合研究、设计。

ATC 系统构成水平的选择按前述原则执行。

8.4　不同闭塞制式的 ATC 系统

按闭塞制式的不同，城市轨道交通 ATC 系统可分为固定闭塞式 ATC 系统、准移动闭塞式 ATC 系统和移动闭塞式 ATC 系统。

1. 固定闭塞式

固定闭塞将线路划分为固定的闭塞分区，无论是前、后列车的位置，还是前、后列车的间距，都是用轨道电路等来检测和表示的，线路条件和列车参数等均需在闭塞设计过程中加以考虑，并体现在地面固定区段的划分中。因为列车定位是以固定区段为单位的（系统只知道列车在哪个区段中，而不知道在区段中的具体位置），所以固定闭塞的速度控制模式必然是分级的，即阶梯式的。在这种制式中，需要向被控列车"安全"传送的只是代表少数几个速度级的速度码。固定闭塞方式无法满足提高系统能力、安全性和互用性的要求。传统 ATP 系统的传输方式采用固定闭塞，通过轨道电路判别闭塞分区占用情况，并传输信息码，这需要大量的轨旁设备，维护工作量较大。此外，传统方式还存在以下缺点：

1）轨道电路工作稳定性易受环境影响，如道碴阻抗变化、牵引回流干扰等。

2）轨道电路传输信息量小。要想在传统方式下增加信息量，只能通过提高信息传输的频率。但是如果传输频率过高，钢轨的趋肤效应会导致信号的衰耗增大，从而导致传输距离缩短。

3）利用轨道电路难以实现车对地的信息传输。

4）固定闭塞的闭塞分区长度是按最长列车、满负载、最高速度、最不利制动率等不利条件设计的，分区较长，且一个分区只能被一列列车占用，不利于缩短列车运行间隔。

5）固定闭塞系统无法知道列车在分区内的具体位置，因此列车制动的起点和终点总在某一分区的边界。为充分保证安全，必须在两列列车间增加一个防护区段，这使得列车间的安全间隔较大，影响了线路的使用效率。

2. 准移动闭塞式

准移动闭塞对前、后列车的定位方式是不同的。前行列车的定位仍沿用固定闭塞的方式，而后续列车的定位则采用连续的或称为移动的方式。为了提高后续列车的定位精度，目前各系统均在地面每隔一段距离设置1个定位标志（可以是轨道电路的分界点或信标等），列车通过时提供绝对位置信息。在相邻定位标志之间，列车的相对位置由安装在列车上的轮轴转数累计连续测得。由于准移动闭塞同时采用移动和固定两种定位方式，所以它的速度控制模式既具有无级（连续）的特点，又具有分级（阶梯）的性质：

1）当前行列车不动而后续列车前进时，其最大允许速度是连续变化的。

2）当前行列车前进，其尾部驶过固定区段的分界点时，后续列车的最大速度将按"阶梯"跳跃上升。

由于准移动闭塞兼有移动和固定的特性，与"固定"性质相对应的设备，必须在工程设计和施工阶段完成。而被控列车的位置是由列车自行实时（移动）测定的，所以其最大允许速度的计算最终只能在车上实现。

为了使后续列车能够根据自身测定的位置，实时计算其最大允许速度，必须用数字编码轨道电路向其提供前方线路的各种参数以及前行列车处在哪个区段上的信息。

准移动闭塞在控制列车的安全间隔上比固定闭塞进了一步。它通过采用报文式轨道电路辅之环线或应答器来判断分区占用并传输信息，信息量大；可以告知后续列车继续前行的距离，后续列车可根据这一距离合理地采取减速或制动动作，列车制动的起点可延伸至保证其安全制动的地点，从而可改善列车速度控制，缩小列车安全间隔，提高线路利用效率。但准移动闭塞中后续列车的最大目标制动点仍必须在先行列车占用分区的外方，因此它并没有完全突破轨道电路的限制。

3. 移动闭塞式

（1）移动闭塞的基本概念　移动闭塞系统是一种区间不分割、根据连续检测先行列车位置和速度进行列车运行间隔控制的列车安全系统。移动闭塞的特点是前、后两列列车都采用移动式的定位方式，不存在固定的闭塞分区，列车之间的安全追踪间距随着列车的运行而不断移动且变化。

移动闭塞可借助感应环线或无线通信的方式实现。早期的移动闭塞系统大部分采用基于感应环线的技术，即通过在轨间布置感应环线来定位列车和实现车载计算机（VOBC）与车辆控制中心（VCC）之间的连续通信。而今，大多数先进的移动闭塞系统已采用无线通信系统实现各子系统间的通信，构成基于无线通信技术的移动闭塞。

（2）移动闭塞的特点

1）线路没有固定划分的闭塞分区，列车间隔是动态的，并随前一列车的移动而移动。

2）列车间隔是按后续列车在当前速度下所需的制动距离加上安全余量计算和控制的，确保不追尾。

3）制动的起点和终点是动态的，轨旁设备的数量与列车运行间隔关系不大。

4）可实现较小的列车运行间隔。

5）采用地-车双向传输，信息量大，易于实现无人驾驶。

（3）移动闭塞的技术优势

1）移动闭塞是一种新型的闭塞制式，它克服了固定闭塞的缺点。基于无线通信的列车控制（Communications Based Train Control，CBTC）则是实现这种闭塞制式的最主要技术手段。采用这种方法以后，实现了车地间双向、大容量的信息传输，达到连续通信的目的，在真正意义上实现了列车运行的闭环控制。当列车和车站一开始通信时，车站就能得知所有列车的位置，能够提供连续的列车安全间隔保证和超速防护，在列车控制中具有更好的精确性和更大的灵活性，并能更快地检测到故障点。而且，移动闭塞可以根据列车的实际速度和相对速度来调整闭塞分区的长度，尽可能缩小列车运行间隔，提高行车密度进而提高运输能力。此外，这种系统与传统系统相比将大大减少沿线设备，车载设备和轨旁设备的安装也相对较容易，维修方便，有利于降低运营成本。

2）移动闭塞系统通过列车与地面间连续的双向通信，提供连续测量本车与前车距离的方法，实时提供列车的位置及速度等信息，动态地控制列车运行速度。移动闭塞制式下后续列车的最大制动目标点可比准移动闭塞和固定闭塞更靠近先行列车，因此可以缩小列车运行间隔，有条件实现"小编组，高密度"，从而使系统可以在满足同等客运需求条件下减少旅客候车时间，缩小站台宽度和空间，降低基建投资。

3）系统采用模块化设计，核心部分均通过软件实现，因此系统硬件数量大大减少，可节省维护费用。

4）移动闭塞系统的安全关联计算机一般采取3取2或2取2的冗余配置，系统通过故障-安全原则对软、硬件及系统进行量化和认证，可保证系统的可靠性、安全性和可用度。

5）移动闭塞还常常和无人驾驶联系在一起，两者的结合能够避免驾驶员的误操作或延误，获得更高的效率。

6）无线移动闭塞的数据通信系统对所有的子系统透明，对通信数据的安全加密和接入防护等措施可保证数据通信的安全。由于采取了开放的国际标准，可实现子系统间逻辑接口的标准化，从而有可能实现路网的互联互通。采取开放式的国际标准也使国内厂商可从部分部件的国产化着手，逐步实现整个系统的国产化。

（4）移动闭塞的工作原理　移动闭塞与固定闭塞的根本区别在于闭塞分区的形成方法不同，如图8-1所示，移动闭塞系统是一种区间不分割、根据连续检测先行列车位置和速度进行列车运行间隔控制的列车安全系统。这里的连续检测并不意味着一定没有间隔点，实际上该系统把先行列车的后部看作是假想的闭塞区间，由于这个假想的闭塞区间随着列车的移动而移动，所以叫作移动闭塞。在移动闭塞系统中，后续列车的速度曲线随着目标点的移动而实时计算，后续列车到先行列车的保护段后部之间的距离等于列车制动距离加上列车制动反应时间内驶过的距离。

移动闭塞技术在对列车的安全间隔控制上更进了一步。通过车载设备和轨旁设备连续地双向通信，控制中心可以根据列车实时的速度和位置动态地计算列车的最大制动距离。列车的长度加上这一最大制动距离，并在列车后方加上一定的防护距离，便组成了一个与列车同步移动的虚拟闭塞分区（见图8-2）。

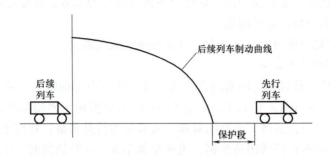

图 8-1 移动闭塞原理

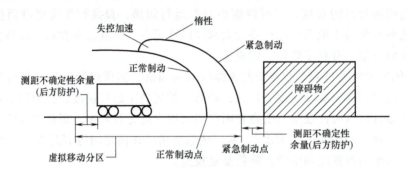

图 8-2 移动闭塞系统的安全行车间隔

虚拟闭塞分区=列车的长度+最大制动距离+防护距离

由于保证了列车前后的安全距离，两个相邻的移动闭塞分区就能以很小的间隔同时前进，这使列车能以较高的速度和较小的间隔运行，从而提高运营效率。

无线移动闭塞系统的组成主要包括无线数据通信网、车载设备、区域控制器和控制中心等。

无线数据通信是移动闭塞实现的基础。通过可靠的无线数据通信网，列车不间断地将其标识、位置、车次、列车长度、实际速度、制动潜能和运行状况等信息以无线的方式发送给区域控制器。

区域控制器追踪列车并通过无线传输方式向列车发送移动授权，根据来自列车的信息计算并确定列车的安全行车间隔，并将相关信息（如先行列车位置、移动授权等）传递给列车，控制列车运行。

车载设备包括无线电台、车载计算机和其他设备（如传感器、查询器等）。列车将采集到的数据（如机车信息、车辆信息、现场状况和位置信息等）通过无线数据通信网发送给区域控制器，以协助完成运行决策；同时对接收到的命令进行确认并执行。

移动闭塞的线路取消了物理层次上的闭塞分区划分，而是将线路分成了若干个通过数据库预先定义的线路单元，每个单元长度为几米到十几米之间，移动闭塞分区即由一定数量的单元组成，单元的数目可随着列车的速度和位置而变化，分区的长度也是动态变化的，线路单元以数字地图的矢量来表示。如图 8-3 所示，线路拓扑结构由一系列的节点和边线表示，任何轨道的分叉、汇合、走行方向的变更以及线路的尽头等位置均由节点（Node）表示，任何连接两个节点的线路称为边线。每一条边线有一个从起始节点至终止节点的默认运行方向。一条边线上的任何一点均由它与起点的距离表示，称为偏移。因此，所有线路上的位置均可由矢量［边线，偏移］来定义，且标识是唯一的。

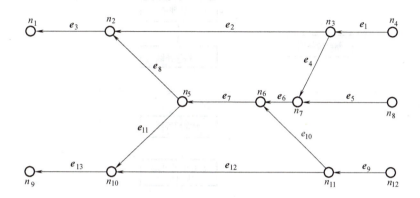

图 8-3　线路拓扑图

（5）移动闭塞 ATC 系统分类　移动闭塞 ATC 系统就车-地双向信息传输速率而言，可分为基于电缆环线传输方式、基于无线通信和数据传输媒介的传输方式。

按无线扩频通信方式可分为直接序列扩频和跳频扩频方式。

按数据传输媒介传输方式可分为点式应答器、自由空间波、裂缝波导管和漏泄电缆等传输方式。

8.5　不同结构的 ATC 系统

1. 点式 ATC 系统

点式 ATC 系统因其主要功能是实现列车超速防护，所以又称为点式 ATP 系统。它用点式传递信息，用车载计算机进行信息处理。

点式 ATC 系统在城市轨道交通中应用比较广泛。其主要优点是采用无源、高信息容量的地面应答器，结构简单，安装灵活，可靠性高，价格明显低于连续式 ATC 系统。上海轨道交通 5 号线采用的即是德国西门子公司的点式 ATC 系统。

点式 ATC 系统难以胜任列车密度大的情况，如后续列车驶过地面应答器时，因前方区段有车，它算出的速度曲线是一条制动曲线。后续列车驶过后，尽管前行列车已驶离，但后续列车已驶过地面应答器，得不到新的信息只能减速运行，直到抵达运行前方的地面应答器，才能加速。

（1）点式 ATC 系统的基本结构　图 8-4 所示为点式 ATC 系统的基本结构，由车载设备和地面设备组成，主要是地面应答器、轨旁电子单元（LEU，又称为信号接口）以及车载设备。

1）地面应答器。地面应答器通常设置在信号机旁或者设置在一段需要降速的缓行区间的始、终端。它接收车载设备发射的能量，供内部电路与回答发送用。其内部寄存器按协议以数码形式存放实现列车速度监控及其他行车功能所必需的数据。

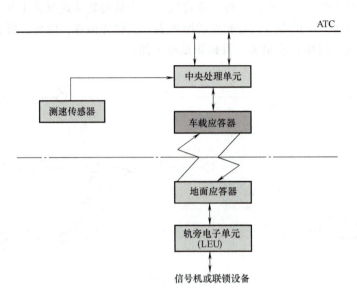

图 8-4 点式 ATC 系统的基本结构

置于信号机旁的地面应答器，用以向列车传递信号显示信息，因此需要通过接口电路与信号机相连。地面应答器内所存储的部分数据受信号显示的控制。此接口电路即轨旁电子单元 LEU。

置于线路上的地面应答器通常不需与任何设备相连，所存放的数据往往是固定的。

当列车驶过地面应答器，且车载应答器与地面应答器对准时，车载应答器首先以一定的频率，通过电磁感应方式将能量传递给地面应答器，地面应答器的内部电路在接收到来自车上的能量后即开始工作，将所存储的数据以某种调制方式（通常用 FSK 方式）仍通过电磁感应传送至车上。图 8-5 所示为点式 ATC 系统及车载应答器与地面应答器之间的耦合关系，图中，100kHz 为能量通道，850kHz 为信息数据通道，50kHz 是为增大可靠性而设置的监视通道。

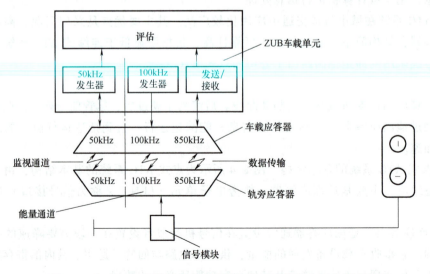

图 8-5 点式 ATC 系统及车载应答器与地面应答器之间的耦合关系

2）轨旁电子单元（LEU）。轨旁电子单元是地面应答器与信号机之间的电子接口设备，其任务是将不同的信号显示转换为约定的数码形式。LEU 是一块电子控制模块，可根据不同类型的输入电流输出不同的数码。

3）车载设备。车载设备由车载应答器、测速传感器、中央处理单元、驾驶台上的显示、操作与记录装置等部分组成，如图 8-6 所示。

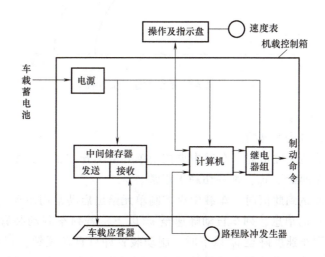

图 8-6　点式 ATC 系统车载设备的组成

① 车载应答器：完成车-地的耦合联系，将能量送至地面应答器，接收地面应答器所储存的数据并传送至中央处理单元。

② 测速传感器：通常装在轮轴上，根据每分钟车轮的转数与车轮直径在中央处理单元内换算成列车目前的速度。

③ 中央处理单元：核心是安全型计算机，负责对所接收到的数据进行加工处理，形成列车当前允许的最大速度，将此最大允许速度值与列车的现有速度值进行比较，以决定是否给出启动常用制动乃至紧急制动的信息。从车载应答器传向地面应答器的高频电磁能量也是由它产生的。

④ 驾驶台上的显示、操作与记录装置：经过一个接口，即可将中央处理单元内的列车现有速度及列车最大允许速度显示出来，这种显示可以是指针式或液晶显示屏方式，按照需要，还可显示出其他有助于驾驶员驾驶的信息，如距目标点的距离、目标点的允许速度等。对于出现非正常的情况（如出现超速报警、启用常用或紧急制动），都可以由记录仪进行记录。

（2）点式 ATC 系统的基本原理　点式 ATC 系统的车载设备接收信号点或标志点的应答器信息，还接收列车速度和制动压力信息，输出控制命令并向驾驶员显示。地面应答器向列车传送每一信号点的允许速度、目标速度、目标距离、线路坡度、信号机号码等信息。图 8-7 所示为车载中央控制单元根据地面应答器传至车上的信息以及列车自身的制动率（负加速度），计算得出的两个信号机之间的速度监控曲线。

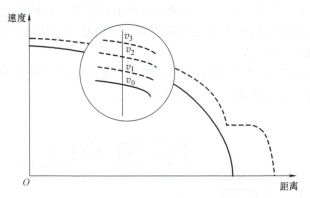

图 8-7 点式 ATC 系统的速度监控曲线

图中 $v_0 \sim v_3$ 含义如下：

v_0——所允许的最高列车速度。

v_1——当列车车速达到此值时，车载中央控制单元给出音响报警，如果此时驾驶员警惕降速，使车速低于 v_0，则一切趋于正常。

v_2——当列车车速达到此值时，车载中央控制单元给出启动常用制动（通常为启动最大常用制动）的信息，列车自动降速至 v_0 以下。若列车制动装置具有自动缓解功能，则在列车速度降至 v_0 以下时，制动装置即可自动缓解，列车行驶趋于正常；若列车制动装置不具备自动缓解功能，则常用制动使列车行驶一段路程后停下，列车由驾驶员经过一定的手续后重新人工启动。

v_3——当列车车速达到此值时，车载中央控制单元给出启动紧急制动的信息，确保列车在危险点的前方停住。

2. 连续式 ATC 系统

按地-车信息传输所用的媒体分类，连续式 ATC 系统可分为有线与无线两大类，前者又可分为利用轨间电缆与利用数字编码音频轨道电路两类。

按自动闭塞的性质，连续式 ATC 系统可以分为移动闭塞、准移动闭塞和固定闭塞。

按地车之间所传输信息的内容，ATC 系统可分为速度码系统与距离码系统。

(1) 采用轨道电路的连续式 ATC 系统　ATC 系统有速度码系统和距离码系统两种。无论是速度码系统还是距离码系统，其轨道电路都被用作双重通道：当轨道电路区段上无车时，轨道电路发送的是轨道电路检测信号或检测码；当列车驶入轨道电路区段时，立即转发速度信号或者有关数据电码。

1) 速度码系统（Speed Code System）。速度码系统通常使用频分制方法，采用的是移频轨道电路，即用不同的频率来代表不同的允许速度。控制中心通过信息传输媒体将列车最大允许速度直接传至车上，这类制式在信息传递与车上信息处理方面比较简单，速度分级是阶梯式的。

上海轨道交通 1 号线采用的是从美国 GRS 公司引进的 ATC 系统，其是一种典型的频分制速度码系统，图 8-8 所示为这种速度码系统的示意图。在无列车经过时，轨道电路用于检测列车占用，与每一个阻抗线圈相对应的发送与接收电路都与固定的频率相对应。4 个载频分别为 $f_1 = 2625\text{Hz}$，$f_2 = 2925\text{Hz}$，$f_3 = 3375\text{Hz}$，$f_4 = 4275\text{Hz}$；轨道电路中所传送的信号是调幅信号，所采用的调制频率有 $f_{s1}=2\text{Hz}$，$f_{s2}=3\text{Hz}$。

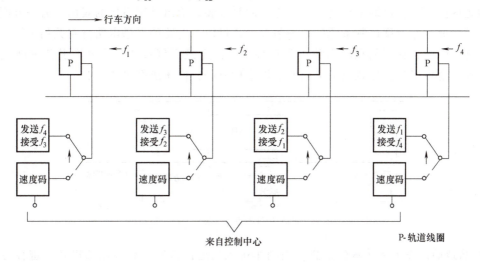

图 8-8　速度码系统示意图

从图 8-8 可见，当列车进入某一轨道电路区段后，检测继电器失磁落下，向轨道电路改发来自控制中心的速度信息。载频为 2250Hz，调制频率 $f_1 \sim f_6$ 分别为 6.83Hz、8.31Hz、10.10Hz、12.43Hz、15.30Hz 和 18.14Hz，6 个调制频率各代表不同的允许速度。显然，这种速度分级是比较粗略的。另外设置了 2 个调制频率为 4.5Hz 及 5.54Hz，用以分别给出左、右车门的门控信号。

速度码系统从地面传递给列车的允许速度（限速值）是阶梯分级的，在轨道电路区段分界处的限速值是跳跃式的（见图 8-9），这对于平稳驾驶、节能运行及提高行车效率都是非常不利的。因此，速度码系统已逐渐被能实时计算限速值的距离码系统所取代。

2）距离码系统（Distance Code System）。由于信息电码的多样性和复杂性，距离码系统必须使用时分制数字电码方式，按协议来组成各种信息。距离码系统采用数字编码音频轨道电路，其是目前使用最广泛的 ATC 系统，我国大多数城市轨道交通的 ATC 系统就是采用这种系统。

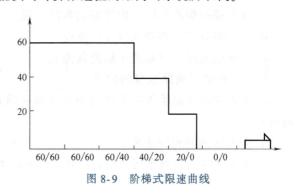

图 8-9　阶梯式限速曲线

注：图中"40/20"是区段的"入口/出口"速度。

距离码系统从地面传至车上的信息是前方目标点的距离等一系列基本数据，车载计算机根据地面传至车上的各种信息（包括区间的最大限速、目标点的距离、目标点的允许速度、区间线路的坡度等）以及储存在车载单元内列车自身的固有数据（如列车长度、常用制动及紧急制动的制动率、测速及测距信息等），实时计算出允许速度曲线，并按此曲线对列车的实际运行速度进行监控。

由于数据传输、实时计算以及列车车速监控都是连续的，所以速度监控是实时、无级的，可以有效地实现平稳驾驶与节能运行。但这种制式的信息传输比较复杂。

① 系统概况。图 8-10 所示为用数字编码轨道电路实现列车速度监控的系统。当列车进入该轨道区段时，转换继电器落下，一方面向联锁装置给出有车占用的表示；另一方面由转换继电器接通列车速度控制系统的发码装置，通过轨道电路的发送电路将有关列车控制的地面信息送上轨面，这些信息将由位于列车最前部的车载天线接收。当列车驶离该轨道区段时，转换继电器吸起，导致轨道电路发送轨道检测码，使轨道继电器吸起。

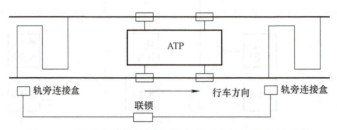

图 8-10 用数字编码轨道电路实现列车速度监控的系统

② 从地面向车上所传输的信息。当列车进入轨道区段时，轨道电路以频移键控方式向车载设备传送信息。该信息是以按协议约定的报文电码形式传送的。目前可在 1s 内传送一组报文电码，对于以 80km/h 速度运行的列车而言，每秒驶过的距离约为 22m，即使在最短的轨道区段，车载设备也可收到一组完整的报文电码，每一组报文电码的有用信息电码最多为 128bit。

数据报文电码是串行传输的，其头、尾码及同步方式与前述 ZUB200 相同。处于头、尾码之间的是信息码，信息码的内容与报文结构应按照协议构成。通常，信息码包括以下内容：

a. 车站停车点（用以构成列车停站后开启车门的一个条件）。

b. 列车运行方向。

c. 开启哪一侧的车门（即车站站台的位置，左侧或右侧）。

d. 下一段轨道电路的入口允许速度。

e. 区间最大速度（取决于线路状态）。

f. 下一段轨道电路区段的坡度。

g. 至限速区间起始点的距离（指列车所在轨道电路区段的起始点至限速区间起始点的距离）。

h. 限速区间的允许速度。

i. 目标距离（指列车所在轨道电路区段的起始点至目标点的距离）。

j. 目标速度（目标点的允许速度，如目标点为停车点，则目标速度为零）。

k. ATP 系统的开始与结束。

l. 列车所在轨道电路的编号确认。

m. 列车所在轨道电路的长度。

n. 下一段轨道电路的编号。

o. 下一段轨道电路的载频频率（用于车载设备预调谐）。

③ 车载设备的自动调谐。各轨道电路区间采用不同的频率，车载设备的自动调谐（频率跟踪）能使机车接收装置自动适应所在轨道电路的传输频率。

图 8-11 所示为一段线路上轨道电路频率的配置及其有关的信息码。当列车位于 0010 段轨道电路时，车载设备可接收到本段轨道电路的载频 f_1、下一段轨道电路的载频 f_3、本段轨道电路编号、下一段轨道电路的编号等有关信息。车载设备中装有两套接收调谐电路，当列车位于 0010 段轨道电路时，接收调谐电路 A 调谐于 f_1，接收调谐电路 B 调谐于 f_3（频率预置）；当列车位于 0100 段轨道电路时，接收调谐电路 B 调谐于 f_3，接收调谐电路 A 调谐于 f_5（频率预置），如此反复进行。

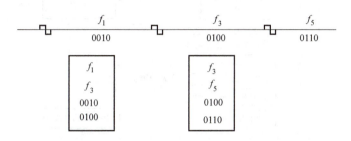

图 8-11 轨道电路频率的配置及其有关的信息码

图 8-12 所示为自动频率跟踪的原理框图。接收调谐电路由两级滤波器组成：第一级为模拟带通滤波器，用以抑制牵引电流的干扰；第二级为数字窄带通滤波器，其通频带受一个逻辑单元控制，而逻辑单元则根据来自地面的信息码调整数字滤波器的有关系数，从而使接收调谐电路的通频带随地面信息码而变化，进而实现自动频率跟踪。

但是，钢轨不是一种理想的信息传输通道，铁质材料对音频信号的衰耗很大，趋肤效应非常明显，限制了轨道电路的有效长度；此外，钢轨之间的漏泄、轮轨之间的接触电阻等因素均会影响轨道电路的性能。

通过轨道电路传输难以实现机车与地面间的大容量信息交换。然而，权衡性能、价格、安全可靠与可用性等诸方面的因素，用音频数字轨道电路构成的连续式 ATC 系统在城市轨道交通中仍得到广泛的应用。

（2）采用轨间电缆的 ATC 系统　利用轨间铺设的电缆传输信息。控制中心储存线路的固定数据包括区间线路坡度、弯道、缓行区段的位置及长度等。经联锁设备将沿线的信号显示、道岔位置等信息传送至控制中心。列车将其数据（如载重量、列车长度、制动率、所在位置、实际速度）经电缆传给控制中心；控制中心的计算机根据这些数据计算出该时刻的列车允许速度；此速度值经电缆传送给运行在线路上的相应列车；列车获得此速度值对列车速度进行监控。这种方式统一指挥全部列车运行，遇有发生行车晚点或其他障碍，可极迅速地将行车命令传给列车，但控制中心故障则全线瘫痪。因此，采用另一种控制方式，控制中心将有关信息（线路坡度、缓行区段位置、目标距离或目标速度等）通过电缆送至列车，由车载计算机计算其允许速度。

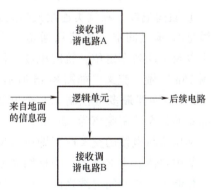

图 8-12 自动频率跟踪的原理框图

武汉轻轨 1 号线和广州地铁 3 号线采用的就是用轨间电缆构成的 ATC 系统，其是由加拿大的阿尔卡特交通自动化部开发的 SelTrac S40 移动闭塞 ATC 系统。

1) 系统结构。这类 ATC 系统主要由控制中心设备、轨旁设备及车载设备组成，如图 8-13 所示。

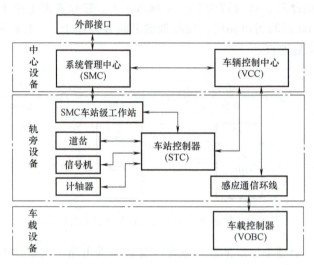

图 8-13 采用轨间电缆的 ATC 系统

采用轨间电缆超速防护系统的室内、外设备联系用两级控制方式来实现，即控制中心与若干个沿线设置的中继器相连，1 个中继器最多可连接 128 个轨间电缆环路，控制中心与敷设在轨间电缆之间的信息交换将在中继器内进行中间变换（频率变换、电平变换、功率放大等），如图 8-14 所示。

① 轨间电缆。在这类连续式超速防护系统中，轨间电缆是车-地之间唯一的信息通道。为了抗牵引电流的干扰以及实现列车定位，轨间电缆每隔一定距离（例如每隔 25m）做一交叉，如图 8-15 所示。

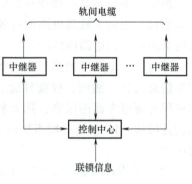

1 个中继器最多可控制 128 个电缆环路，所以 1 个中继器的最大控制距离为 3200m。

利用轨间电缆的交叉配置即可实现列车定位。

图 8-14 系统的两级控制

② 中继器。中继器的结构框图如图 8-16 所示。中继器是控制中心与轨间电缆之间的中间环节，它的功能是把控制中心的命令通过轨间电缆传给机车，将机车信息传到控制中心。

来自控制中心的信息是数字频率调制信号，传输速率是 1200bit/s。在中继器内进行频率变换、功率放大（20W 以上），然后接向轨间电缆。信息的传输通常采用脉码调制方式，有的采用脉幅调制方式，更多的是采用频移键控方式。

图 8-16 采用 FSK 数据传输方式，从控制中心向机车采用的频率为 (36±0.6) kHz、从地面向控制中心则以频率 (56±0.2) kHz 在同一电缆中传输。

③ 车载设备。车载设备包括接收天线、车载计算机、发送及接收电路、操作及指示盘、与制动机的接口、路程脉冲发生器等。

第8章 列车自动控制（ATC）系统

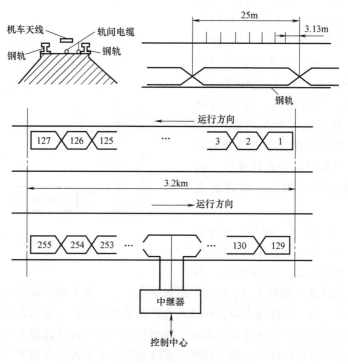

图 8-15 轨间电缆的交叉配置

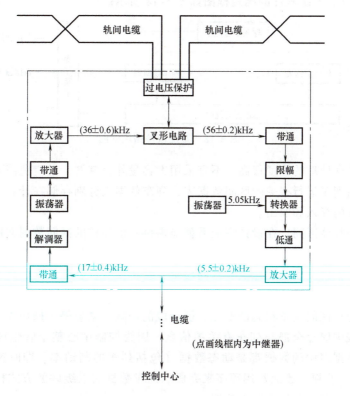

图 8-16 中继器的结构框图

2）基本原理。在控制中心内按地理坐标储存了各种地面信息（如线路坡度、曲线半径、道岔位置、缓行区段的位置与长度等）。此外，经过联锁装置将沿线的信号显示、道岔位置、列车的有关信息（车长、制动率、所在位置、实时速度等）不断地经由轨间电缆传至控制中心。控制中心内的计算机计算出在它管辖的区段上每一列车当前的最大允许速度，再经由轨间电缆传至相应列车，实现速度控制。

如图 8-17 所示，在某一时刻，列车 B 获得实时最大允许速度为 $v_{允许}$；随着列车 A 的运动，目标点的距离一直在改变，列

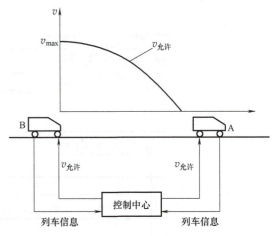

图 8-17　采用轨间电缆的列车速度自动控制的原理图

车 B 的实时最大允许速度随列车 A、B 间的距离而变化。与点式速度控制系统比较，显然连续式的行车效率更高。列车从控制中心获得最大允许速度值之后，一方面在双针速度表上显示出来；另一方面依据此值对列车速度进行监控。若列车实际速度高于此最大允许速度，则先报警后制动。如果制动设备条件许可，则可在列车实际速度低于最大允许速度时缓解制动设备，从而避免了列车停车及重新起动。

3）系统软件。系统软件的结构框图如图 8-18 所示。

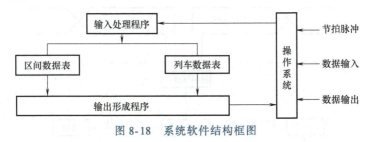

图 8-18　系统软件结构框图

由于要求数据处理的速度很高，不宜采用大容量外存储器，以避免需要较多的存取数据时间，于是将与列车运行有关的区间数据表、列车数据表分别存储在计算机的内存中，由操作系统控制数据的存入和取出。

对于每一个具体区间，在设计完成后就能提供一份完整的区间数据文件，借助于翻译程序就可自动生成区间数据表。区间数据表中的数据分成静态数据和动态数据两大类。

静态数据包括区间设备的地点、区间坡度、缓行段的位置和长度、列车接发地点，区间分界点、每一段轨间电缆的地理位置等。

动态数据包括区间设备状态的变化、缓行段的增减、紧急停车操作等。

列车数据表中储存全部与列车有关的信息，因为控制中心整个管辖区内的列车是运动的，所以列车数据表中的数据都是动态数据（包括列车的制动率、即时速度、所处的位置等）。它的接收、监视、删除都用程序来完成。列车数据表以级联的方式构成，从而可使每列列车知道它的前行车和后续车的位置。

采用轨间电缆的 ATC 系统的信息传递的连续性是以昂贵的轨间电缆为代价的，维修费用也高，而且轨间电缆的存在给线路养护工作带来了不便。

（3）无线 ATC 系统　无线 ATC 系统利用无线通信的方式传输信息。

地面编码器生成编码信息，通过天线向车上发送。编码器用高安全度的代码将这些数据编码，经过载波调制，馈送至无线通道向机车发送。车上接收设备接收限制速度、坡度、距离后，由车载计算机计算出目标速度，对机车进行监控。

信号显示控制接口负责检测要发送的信号显示，并从已编程的数据中选出有用数据送编码器，同时选出与限制速度、坡度和距离等有关的轨道数据。

在典型的移动闭塞线路中，线路被划分为若干个区域，每个区域由一定数量的线路单元组成。区域的组成和划分预先定义，每个区域均由本地控制器和通信系统控制。本地控制器和区域内的列车及联锁等子系统保持连续的双向通信，控制本区域内的列车运行。列车从一个控制区域进入下一个区域的移交是通过相邻区域控制器之间的无线通信实现的。当列车到达区域边界，后方控制器将列车到达信息传递给前方控制器，同时命令列车调整其通信频率；前方控制器在接收并确认列车身份后发出公告，移交便告完成。两个相邻的控制区域有一定的重叠，保证了列车移交时无线通信不中断（见图 8-19）。

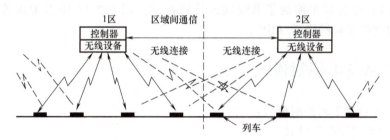

图 8-19　分布式移动闭塞技术的无线传输

图中虚线表示无线蜂窝信号的重叠，车载无线电根据信号强度决定与哪一个轨旁基站进行通信。

在采用轨旁基站的无线通信系统中，一般考虑 100% 的无线信号冗余率进行基站布置，以消除在某个基站故障时可能出现的信号盲区。

典型无线移动闭塞系统的结构框图如图 8-20 所示。该系统以列车为中心，其主要子系统包括区域控制器、车载控制器、列车自动监控（中央控制）、数据通信系统和驾驶员显示等。

区域控制器（ZC）即区域的本地计算机，与联锁区一一对应，通过数据通信系统保持与控制区域内所有列车的安全信息通信。ZC 根据来自列车的位置报告跟踪列车并对区域内列车发布移动授权，实施联锁。

区域控制器采取 3 取 2 的检验冗余配置。冗余结构的 ATS 系统可实现与所有列车运行控制子系统的通信，用于传输命令及监督子系统状况。

车载控制器（VOBC）与列车一一对应，实现列车自动保护（ATP）和列车自动运行（ATO）的功能。车载控制器也采取 3 取 2 的冗余配置。车载应答器查询器和天线与地面的应答器（信标）进行列车定位，测速发电机用于测速和对列车定位进行校正。

驾驶员显示提供驾驶员与车载控制器及 ATS 的接口，显示的信息包括最大允许速度、当前速度、到站距离、列车运行模式及系统出错信息等。

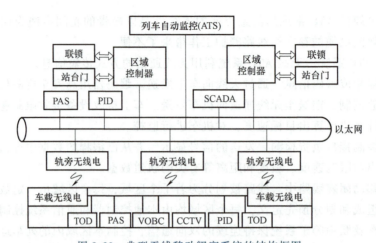

图 8-20 典型无线移动闭塞系统的结构框图

CCTV—闭路电视　PAS—乘客广播系统　PID—乘客向导系统
SCADA—电力监控系统　TOD—机显示　VOBC—车载控制器

数据通信系统实现所有列车运行控制子系统间的通信。系统采用开放的国际标准：以802.3（以太网）作为列车控制子系统间的接口标准，以802.11作为无线通信接口标准。这两个标准均支持互联网协议（IP）。

8.6　ATC 系统的控制模式

ATC 系统应包括下列控制模式：
1）控制中心自动控制模式。
2）控制中心自动控制时的人工介入控制或利用 CTC 系统的人工控制模式。
3）车站自动控制模式。
4）车站人工控制模式。

每种模式说明了操作对给定车站和归属控制地段中的列车运行所采取的控制等级，然而一个系统在同一时间只能处于一种模式。

以上控制模式应遵循的原则如下：
1）车站人工控制优先于控制中心人工控制。
2）控制中心人工控制优先于控制中心的自动控制或车站自动控制。

1. 控制中心自动控制模式（CA）

在控制中心自动控制模式下，列车进路命令由 ATS 进路自动设定系统发出，其信息来源是时刻表及列车运行自动调整系统。控制中心调度员可以对列车运行自动调整系统进行人工干预，使列车运行按调度员意图进行。

2. 控制中心自动控制时的人工介入控制或利用 CTC 系统的人工控制模式（CM）

在控制中心自动控制时，控制中心调度员也可关闭某个联锁区或某个联锁区内部分信号机或某一指定列车的自动进路设定，直接在控制中心的工作站上对列车进路进行控制，在关闭联锁区自动进路设定时，控制中心调度员可发出命令，利用联锁设备自动进路控制功能，随着前行列车的运行，自动排列一条后续列车的固定进路。在自动进路功能出现故障的情况下，调度员可以人工设置进路。

在 CM 模式中，车站的人工控制转到 ATS 系统。一旦车站工作于该模式，则由 ATS 系统启动控制而不由车站控制计算机启动控制。然而，车站控制计算机继续接收表示，更新显示和采集数据。

3. 车站自动控制模式

在控制中心设备故障或通信线路故障时，控制中心将无法对联锁车站的远程控制终端进行控制，此时将自动进入列车自动监控后备模式，由列车上的车次号发送系统发出的带列车去向的车次信息，通过远程控制终端自动产生进路命令，由联锁设备的自动功能来自动设定进路，即随着列车运行，自动排列一条固定进路。

4. 车站人工控制模式

当 ATS 因故不能设置进路（不论人工方式还是自动进路方式）或由于某种运营上的需要而不能由中心控制时，可改为现地操纵模式，在现地操纵台上人工排列进路。车站自动控制和车站人工控制也可合称车站控制（LC）。当车站工作于 LC 模式时，不能由 ATS 系统启动控制。然而，ATS 系统将继续收到表示，更新显示和采集数据。对车站控制计算机而言，这是唯一可用的控制模式。

5. 控制模式间的转换

（1）转换至车站操作 只有当控制中心 ATS 已经发出相应的命令，才能转换到车站操作模式。因此，所有转换操作只能由车站操作员才能有效实施。在转换模式时，不用考虑特别检查联锁条件，自动运行功能不受影响。即使转换至车站操作，联锁显示还应该传输至控制中心 ATS，仅由车站操作站的打印机执行对显示和命令的记录。

（2）强制转换至车站操作 在没有收到控制中心 ATS 发出的命令时，也可以转换至车站操作。通过一个已经登记的转换操作可以转换至车站操作，并且联锁系统的所有转换操作仅能由车站操作员来执行。

（3）转换至控制中心 ATS 操作 只有当车站操作已经发出释放的命令，才能转换到控制中心 ATS 操作，然后控制中心 ATS 确认它。因此，所有转换操作只有由控制中心操作员才能有效实施。在这种情况下，只有正常的转换操作才能被接受。随着转换至控制中心 ATS 操作，控制中心 ATS 可以执行所有允许的操作。但是只有车站操作才能有效实施以下转换操作：当车站操作故障，在没有车站操作释放命令的情况下，也可以转换至控制中心 ATS 操作。

8.7 驾驶模式及模式转换

1. 驾驶模式

城市轨道交通列车的主要驾驶模式应包括列车自动运行驾驶模式、列车自动防护驾驶模式、限制人工驾驶模式、非限制人工驾驶模式、自动折返驾驶模式。

自动驾驶模式和无人驾驶模式可以提高列车行车效率，实现列车运行自动调整、维护列车运行秩序、减少驾驶员劳动强度和人员配备的数量。特别无人驾驶涉及车辆、行车组织、车辆段配置等多种因素，系统造价高，运营困难，但是我国目前实现了部分线路无人驾驶的高水平运营。

（1）列车自动运行驾驶模式（ATO 模式或 AM 模式） ATO 模式即 ATO 自动运行模式，

此模式是正线上列车运行的正常模式，即用于正线上列车的正常运行。在这种模式下，列车在车站之间的运行是自动的，不需司机驾驶，司机只负责监视 ATO 显示，监督车站发车和车门关闭，以及列车运行所要通过的轨道、道岔和信号的状态，并在必要时人工介入。

司机给出列车关门指令关闭车门后，通过按压起动按钮给出出发指令。车载 ATP 确认车门已关闭后，列车便可起动。如果车门还开着，ATP 不会允许列车出发。列车出发后站间运行的速度调整、至下站的目标制动以及开车门都由 ATO 自动操作。ATP 确保列车各阶段自动运行的安全，在车站之间的运行将根据控制中心 ATS 的优化时刻表指令执行，确定其走行时间。

在 ATO 模式下，ATO 根据 ATP 编码和列车位置生成运行列车的行驶曲线，完全自动地驾驶列车；ATO 还能根据到停车点的距离计算出列车的到站停车曲线；ATO 速度曲线可以由 ATS 的调整命令修改；ATP 系统控制列车的紧急制动。

（2）列车自动防护驾驶模式（SM 模式或 CM 模式） SM 模式（Supervise Mode）即 ATP 监督人工驾驶模式，是一种受保护的人工驾驶模式。在这种模式下，司机根据驾驶室中的指示手动驾驶列车，并监督 ATP 显示以及列车运行所要通过的轨道、道岔和信号的状态，可以在任何时候操作紧急制动。ATP 连续监督人工驾驶的列车运行，如果列车超过允许速度将产生紧急制动。ATO 故障时列车可用 SM 模式在 ATP 的保护下降级运行。在 SM 下，列车由司机人工驾驶，列车的运行速度受 ATP 监控；ATO 此时对列车不进行控制，但会根据地图数据随时监督列车的位置；如果 ATO 能与 PAC 通信，它可控制车门开启；ATP 向司机提示安全速度和距离信息；在列车实际行驶速度到达最大安全速度之前，ATP 可实施常用制动，防止列车超速；由 ATP 系统来控制列车的紧急制动。

（3）限制人工驾驶模式（RM 模式） RM 模式（Restrict Mode）即 ATP 限制允许速度的人工驾驶模式，这是一种受约束的人工操作，必须"谨慎运行"。在这种模式下，列车由司机根据轨旁信号驾驶，ATP 仅监督允许的最大限速值。

该运行模式在下列情况下使用：

1）列车在车辆段范围内（非 ATC 控制区域）运行时。

2）正线运行中联锁设备或轨道电路或 ATP 轨旁设备或 ATP 列车天线或地对车通信发生故障时。

3）列车紧急制动以后。

4）启动 ATP/ATO 以后。

此时，车载 ATP 将给出一个 25km/h 的限制速度。

在 RM 模式下，列车由司机人工驾驶，没有轨道编码的参与，不要求强制使用地面编码。此时 ATO 退出控制；由司机负责列车运行的安全，并监督列车所要通过的轨道、道岔和信号的状态，如有必要，对列车进行制动；列车行驶速度很低，例如不得超过 25km/h；一旦超出，ATP 系统就会实施紧急制动。

（4）非限制人工驾驶模式（关断模式；Unrestrict Mode，URM） 关断模式是不受限制的人工驾驶模式（无 ATP 监督），用于车载 ATP 设备故障以及车载设备测试情况下完全关断时的列车驾驶，列车是由司机根据轨旁信号和调度员的口头指令驾驶的，没有速度监督。ATP 的紧急制动输出被车辆控制系统切断，司机必须保证列车运行不超过限制速度（最大 25km/h），并监督列车所要通过的轨道、道岔和信号的状态，必要时采取措施，对列车进行制动。

在关断模式下，列车由司机人工驾驶，没有ATP保护措施；使用这种模式必须进行登记，此时列车运行安全完全由司机负责，ATO退出控制。

（5）自动折返驾驶模式（AR） AR模式（Automatic Return）即列车在站端（没有折返轨道的终端）调转行车方向或使用折返轨道进行折返操作，就要求能进入自动折返驾驶模式。

为使自动折返操作具有高度的灵活性，自动折返模式有下列几种：

1）ATO自动运行折返模式。

2）ATO无人自动折返模式。

3）ATP监督人工驾驶折返模式。

折返命令由ATS中心根据需要生成并传输至列车，或由设计固定的ATP区域（如终端站）的轨旁单元发出。ATP车载设备通过接收轨旁报文而自动启动AR模式，并通过驾驶室显示设备指示给司机，司机必须按压"AR"按钮确认折返作业。是否折返、使用折返轨道折返、由无人驾驶执行、还是由司机执行，这些完全由司机决定。

采用无人折返或有司机折返取决于司机采取的不同折返模式。

若采用ATO自动运行折返模式，在司机按压ATO起动按钮后，列车自动驶入折返轨，并改变车头和轨道电路发送方向；在折返轨至发车站台的进路排列完成后，再次按压ATO起动按钮，列车自动驶入发车站台，并精确地停在发车站台上。

若采用ATO无人自动折返模式，在司机下车后按压站台上的无人折返按钮，列车在无司机的情况下，自动完成列车起动并驶入折返轨，改变车头和轨道电路发送方向，并在折返轨至发车站台的进路排列完成后，再自动起动列车驶入发车站台，并精确地停在发车站台。

若采用ATP监督人工驾驶折返模式，在人工驾驶过程中ATP将对列车速度、停车位置进行监督，并在列车驶入折返轨后自动改变车头和轨道电路发送方向。

除URM模式外，其他所有的模式都有一个5m的退车限制，如果超过这个限制，ATP将实施紧急制动。

2. 列车驾驶模式的转换

以上五种基本运行模式，在满足一定条件后可以相互转换。

（1）列车驾驶模式转换的规定

1）在ATC系统控制区域与非ATC系统控制区域的分界处，应设驾驶模式转换区（或称转换轨），转换区的信号设备应与正线信号设备一致。

2）驾驶模式转换可采用人工方式或自动方式，并应予以记录。当采用人工方式时，其转换区域的长度宜大于一列列车的长度；当采用自动方式时，应根据ATC系统的性能特点确定转换区域的设置方式。

3）ATC系统宜具有防止列车在驾驶模式转换区域未将驾驶模式转换至列车自动运行驾驶模式或列车自动防护驾驶模式，而错误进入ATC系统控制区域的能力。

4）为保证行车安全，在ATC系统控制区域内使用限制模式或非限制模式时应有破铅封、记录或特殊控制指令授权等技术措施。

（2）各种驾驶模式间的切换

1）RM模式切换到SM模式。列车从非ATC系统控制区域进入ATC系统控制区域，就从RM改变为SM模式，只需满足如下条件：

① 列车经过了至少两个轨道电路的分界。
② 报文传输无误。
③ 未设置 PERM 码位。
④ ATP 轨旁设备没有发出紧急制动信号。
⑤ ATP 车载设备的限速监控不会在 SM 模式启动紧急制动。

2）SM 模式切换到 ATO 模式。满足以下条件，ATO 开始指示灯就会亮，说明此时可以从 SM 切换到 ATO 模式：
① 当前轨道区段上没有停车点（安全/非安全）。
② 所有车门都已关闭。
③ 驾驶/制动拉杆处于零位置，主钥匙开关处于向前位置。
④ 当司机按压 ATO 开始按钮后，ATP 车载设备就从 SM 改变为 ATO 模式。

3）ATO 模式切换到 SM 模式。在下列情况下，ATP 车载设备就从 ATO 模式切换到 SM 模式：
① 司机把驾驶/制动拉杆拉离零位置，或把主钥匙开关调到非向前状态。
② 列车自动驾驶状态下当 ATO 控制列车停靠车站时，列车在车站停稳。
③ 如果列车停在区间，司机用车门许可控制按钮打开车门。

4）SM/ATO 模式切换到 RM 模式。如果 ATP 车载设备启动了紧急制动，无须操作就自动地从 SM/ATO 模式改变为 RM。如果司机还想继续前行，那么他就必须在列车停稳之后按压 RM 按钮。

如果列车已经停稳，而司机按压了 RM 按钮，就从 SM/ATO 模式切换到 RM 模式。如果切换到 SM 的所有先决条件都已满足，那么就马上转回 SM。

在车辆段入口处，司机或 ATO 控制列车停靠在停车点上。如果满足以下条件：列车已停稳、已设置了结束点（END 码位），驾驶室的显示屏上就会显示指示，司机就可以按压 RM 按钮。按压了 RM 按钮之后，就从 SM/ATO 模式切换到 RM。

5）SM 模式切换到 AR 模式。满足以下条件，就从 SM 模式切换到 AR 模式：
① ATP 车载设备从 ATP 轨旁设备接收 DTRO 状态的信息。
② ATP 车载设备间的通信良好。

6）AR 模式切换到 SM 模式。满足以下条件，ATP 车载设备就从 AR 模式切换到 SM 模式：
① ATP 车载设备间列车监控的改变是成功的。
② 司机打开驾驶室。

7）AR 模式切换到 RM 模式。如果 ATP 车载设备启动了紧急制动，无须司机的另外操作，就会自动从 AR 模式切换到 RM 模式。如果司机想继续前行，那么他必须在列车停稳后按压 RM 按钮。

如果列车停稳之后，司机按压了 RM 按钮，列车就会从 AR 模式切换到 RM 模式。如果切换到 SM 模式的前提条件都满足了，就马上切换到 SM 模式。

8）RM 模式切换到关断模式。只有当 ATP 故障时才会降级至关断模式，列车会自动停车。司机操作密封安全开关至关断模式。这种模式的转换将被车载计数器记录。这个转换程序同样适用于 ATO 模式、SM 模式至关断模式。此时列车的运行安全由司机承担全部责任。

8.8 试车线

试车线一般设于车辆段内，其主要功能是在列车安装及检修完了 ATP 及 ATO 车载设备后，在试车线上进行 ATP/ATO 的静、动态试验。通过试验控制台，试验人员对轨道区段设置各种不同的速度信息，检验车载设备动态 ATP 及 ATO 性能；通过两个模拟的站台环路检验列车的车站定位置停车、站台停车后的信息交换等功能。

1. 设备配置

试车线将安装与正线上一样的 ATP/ATO 轨旁设备。试车线没有使用联锁。为替代联锁，将使用一台非安全 PC（仅用于试车线）模拟必要的联锁功能。

用于试车线的室内和室外设备由以下主要设备组成：ATP/ATO 轨旁单元、试车线的试验计算机、与用于紧急停车车辆段联锁系统的接口、精确停车的现场设备（环线）、PTI 环线、室内电缆、供电系统。

车辆段计算机联锁系统负责对试车线进路的设定。试验计算机模拟 ATP 的轨旁单元联锁接口，使 ATP 能够完成各项试验。

为了测试车辆，一个典型的速度曲线将永久存储在 ATP 轨旁单元中。在试车线的两端，在行驶的每一方向制定了运营停车点。ATP 的定位环线将安装在试车线两端。

为试车线提供的特殊测试设备有：带特殊测试应用程序的试验计算机（标准 PC）、用于 ATP/ATO 车载设备单元的车辆运行模拟器、用于 ATP 轨旁单元诊断的笔记本计算机。

2. 试车线的功能

（1）驾驶模式测试　进行 RM 模式、SM 模式、ATO 模式（包括能源优化功能）、AR 模式下的测试。

驾驶模式可以由试验计算机菜单控制的软件进行切换。以上 4 种驾驶模式均可发送给列车。ATP/ATO 的车载设备单元将分别按指令进行驾驶。

（2）性能测试　可进行超速测试、保护区段测试、列车保护距离测试、紧急停车测试、后退监督测试、车站定位停车和车门控制测试、轨道报文故障测试等，还可进行硬件性能测试、车载显示测试、报警、登录和诊断测试以及与其他系统的接口测试。

（3）驾驶室转换　进行两端驾驶室的转换。

由于测试人员在试车线试验 PC 上通过指令输入可以给出出发命令。这样，运营停车点就被移走，列车接收到 ATP 轨旁设备生成的出发命令。

完成测试以后，车辆段联锁将取消测试进路，以便 ATP 停止向列车发送相关报文。

司机在试车线以外的线路必须以 RM 模式驾驶列车。

试车线的另一个功能是为维修人员提供一个 ATP/ATO 地面设备实际维修培训的场所。

第9章

列车自动防护（ATP）子系统

9.1　ATP 系统概述

ATP 子系统（以下称为 ATP 系统）是保证行车安全、防止列车进入前方列车占用区段和防止超速运行的设备。ATP 系统负责全部的列车运行保护，是列车安全运行的保障。ATP 系统执行以下安全功能：速度限制的接收和解码、超速防护、车门管理、自动和手动模式的运行、驾驶员控制台接口、车辆方向保证、永久车辆标识。

9.2　ATP 系统的基本概念

ATP 即列车运行超速防护或列车运行速度监督。ATP 系统的功能是对列车运行进行超速防护，对与安全有关的设备实行监控，实现列车位置检测，保证列车间的安全间隔，保证列车在安全速度下运行，完成信号显示、故障报警、降级提示、列车参数和线路参数的输入，与 ATS 系统、ATO 系统及车辆系统接口并进行信息交换。

1. 列车运行的基本概念

（1）列车起动和停车　列车在人工驾驶时，列车驾驶员操作驾驶手柄，通过列车的牵引系统施加牵引力使列车向前加速行驶，或通过列车的制动系统施加制动力使列车减速行驶。列车驾驶手柄平常放于中间位置，将驾驶手柄从中间位置向前推时，列车向前加速行驶，越往前推施加的牵引力越大；将驾驶手柄从中间位置向后拉时，列车减速行驶，越往后拉施加的制动力越大，这时列车在制动力的作用下减速运行。

（2）列车常用制动和紧急制动　列车常用制动就是列车在正常行驶过程中，由列车的制动系统施加给列车的制动。列车紧急制动就是列车在超速行驶，或遇到其他会危及列车行车安全的不正常情况时，对列车施加的制动。列车紧急制动时所产生的制动力，是列车的制动系统所能提供的最大制动力。列车紧急制动的响应时间比列车常用制动的响应时间要短；一旦对列车施加了紧急制动，只能通过特殊处理才能将紧急制动从列车上解除。

（3）速度限制　在城市轨道交通中，列车在轨道线路上行驶时会受到轨道线路弯道、坡道、列车自身构造以及运营需求等因素的影响，列车只能在规定的速度范围内运行，如果列车运行速度比规定的最大速度值高，则会危及列车的行车安全，导致列车相撞、出轨或颠覆等事故的发生。为确保列车的行车安全，列车必须在所规定的速度范围内运行，以防止安全事故的发生。

（4）ATP 系统与列车之间的接口　ATP 系统车载主机是 ATP 系统的核心控制部分，ATP 系统车载主机与列车自身的牵引系统和制动系统由专门的接口电路连接，如图 9-1 所示。ATP 系统车载主机实时接收从地面信号传来的信号，通过实时分析和计算，实时向列车的牵引系统或制动系统发出控制指令，列车的牵引系统或制动系统在接收到控制指令后，对列车施加牵引力或制动力，以控制列车的运行速度，使列车在允许速度的范围内运行。ATP 系统车载主机安装在驾驶室内。

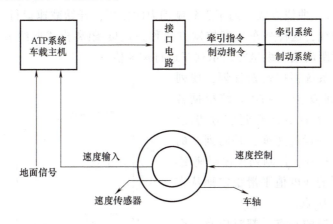

图 9-1　ATP 系统与列车之间的接口关系

2. ATP 系统的基本原理

ATP 系统控制列车运行速度有两种基本方式：点式叠加方式和速度-距离模式曲线方式。

（1）点式叠加方式　ATP 系统以点式叠加方式控制列车的运行速度，其速度-距离曲线呈阶梯状，称为阶梯曲线，如图 9-2 所示。图中横坐标表示距离值，纵坐标表示列车运行速度值。

图 9-2 中列车受到制动力的作用，减速运行。列车从某点 O 处以不超过 v_1 的速度值运行，在运行到 D_1 点时，对列车施加一定的制动力，使列车允许运行的最大速度值从 v_1 降为 v_2；列车从 D_1 点运行到 D_2 点处，在这一区间，列车运行的最大允许速度值为 v_2；在 D_2 点，再次对列车施加制动力，使列车减速运行。

列车运行在 $O \sim D_1$ 区段，允许运行的最高速度为 v_1；在 $D_1 \sim D_2$ 区段，允许运行的最高速度为 v_2；在 $D_2 \sim D_3$ 区段，允许运行的最高速度为 v_3。

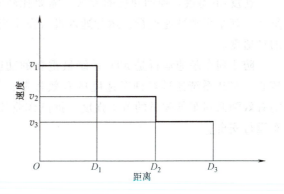

图 9-2　阶梯曲线

在每个区段，如果列车运行速度超过了该运行区段所对应的最大速度值，ATP 系统会向列车的制动系统发出常用制动命令，列车的制动系统对列车施加制动力，使列车运行速度在系统所设定的时间内，降到允许的运行速度范围内，以保证列车安全运行；如果列车运行速度持续超过该运行区段所对应的最大速度值,当持续的时间超过系统设定的时间后,ATP系统将对列车实施紧急制动,强制列车停车,以防止意外事故的发生。

阶梯曲线控制速度的方式所需要的硬件结构简单,容易实现。图9-2中列车以不超过v_1的速度值运行,当运行速度从v_1变为v_2时,列车的运行速度发生突变,这时强烈的减速会给列车上的乘客一种冲击,容易产生不适感。速度变化越大,冲击感越强,降低了旅客乘车的舒适度。

(2)速度-距离模式曲线方式 列车受到制动力的作用,开始减速运行,速度-距离模式曲线是连续平滑的曲线,这种列车速度控制方式称为速度-距离模式曲线方式,如图9-3所示。图中横坐标表示距离值,纵坐标表示列车运行速度值。

图9-3中,ATP系统根据运营计划,使列车从O点减速运行到D_1点。ATP系统根据各种数据,计算出列车从O点运行到前方D_2点的区段内,各处所需的运行速度,并向列车的牵引和制动系统发出指令,控制列车按照速度-距离模式曲线所绘制的速度值平滑稳定地从在O点减速运行到前方D_2点。

图9-3中模式曲线的每点,都对应有一个速度值,如果列车运行速度超过了在该点所对应的速度值,ATP系统实时向列车的制动系统

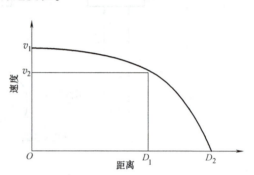

图9-3 速度-距离模式曲线

发出常用制动命令,对列车施加制动力,使列车运行速度降到模式曲线的下方,保证列车以允许的速度运行,确保列车安全运行;如果列车运行速度持续超过模式曲线所规定的速度值,运行在模式曲线的上方,所持续的时间超过系统设定的时间,ATP系统将对列车实施紧急制动,强制列车停车,以防止意外事故的发生。

速度-距离模式控制速度的方式,需要比较复杂的软件和硬件支持,系统调试过程比较复杂。列车平滑减速运行,运行速度没有发生突变,速度控制稳定,可以有效提高列车乘客的舒适度。

防止列车超速运行是ATP系统最重要的功能,也是城轨信号系统保障列车运行安全的核心。ATP系统通过对列车速度的有效控制,保持列车运行速度不超过所允许的速度值,能有效降低列车驾驶员的劳动强度,提高作业效率,避免人工操作带来的安全隐患,保障列车运行安全。

9.3 ATP系统的主要功能

ATP系统不仅能控制列车的运行速度,还有其他许多重要功能,它们是列车安全稳定运行的可靠保障。

ATP系统的主要功能有如下七个方面:

1. 防止运营列车超速运行

运营列车在线路上运行时有多种速度限制,列车运行速度不能超出速度限制值,具体如下:

1）防止运营列车超过线路限制速度超速运行。在城市轨道交通中，线路在曲线段或坡道处，往往有速度限制，运营列车不能超过线路限速运行，否则容易出现列车脱轨或颠覆事件。

2）防止运营列车超过列车允许最大速度超速运行。车辆的自身构造决定了车辆所能运行的最大速度，超过这个速度值，列车可能会出现故障，危及车辆和行车安全。

3）防止运营列车超过道岔弯轨限制速度超速运行。在城市轨道交通中，线路上设有道岔，在列车通过道岔弯轨时，不能超过道岔弯轨限制速度超速运行。

4）防止运营列车超过限速区段限速。在城市轨道交通中，线路上有故障或作业需要运营列车限速行驶时，列车应按运营规定运行。

5）防止运营列车超过临时限速。在城市轨道交通中，线路上有临时作业时，需要运营列车限速行驶，列车应按运营规定运行。

6）防止运营列车超过其他限速。在城市轨道交通运营作业需要任何限速的地方，列车应按运营规定运行。

2. 接收和处理来自地面的信息

列车运行在轨道上，地面轨道电路或地面的其他设备，将列车运行所需的信息发送出去，安装在列车车体上的ATP系统设备会实时接收这些信息，并对这些信息进行实时分析和处理，以及时对列车的运行状态和运行速度进行控制。通常这些信息中包含有列车允许运行的最大速度值、线路位置等。

3. 防止列车相撞

在城市轨道交通中的某条线路上，往往会有很多列车同时运营作业，ATP系统可以防止列车相撞，为这些平行作业的实施提供了安全保障，它有效提高了城市轨道交通线路的利用效率，增强了城市轨道交通的运营能力。ATP系统可以防止列车相撞，具体包括以下内容：

1）防止运营列车撞上前面的列车。
2）防止运营列车进入未开通的进路。
3）防止运营列车冲出尽头线。
4）防止运营列车进入封锁区段。
5）防止运营列车进入发生故障的进路等。

4. 车辆安全停靠站台

在城市轨道交通中，列车停靠站台时需要列车完全停稳不动，以确保乘客安全上、下车。ATP系统会检测列车的速度和列车所处的位置，保证列车在站台区域内安全停靠。

5. 列车车门控制

在城市轨道交通中，列车左、右两侧都有车门。列车停靠站台后，ATP系统会控制列车开启靠近站台的车门，保证乘客安全上、下车。

6. 空转及打滑防护

列车在线路上正常运行时，列车车轮在钢轨上滚动运行，因某种原因，列车车轮会发生空转或在线路上滑动运行，这种情况一方面会对车辆的车轮造成损伤，另一方面会危及列车行车安全。ATP系统会实时检测列车空转和打滑情况，并及时采取措施，控制列车运营状态。

7. 防止列车发生溜车

列车如果在线路的坡道处停车或在站台处停车，ATP 系统会给列车施加一定的制动力，保证列车不会发生溜车现象，防止发生安全事故。

ATP 系统除了以上的重要功能外，根据城市轨道交通信号系统的配置情况和复杂程度，还可以有一些其他功能，如控制列车的运行方向、提供驾驶员操作接口界面等。

9.4　ATP 系统的车载设备

ATP 系统所包含的设备分别安装在列车上和地面上。安装在列车上的设备简称为车载设备；安装在地面的设备简称为地面设备。

1. 车载设备的主要组成

ATP 系统的车载设备主要包括车载主机、驾驶员状态显示单元、速度传感器、列车地面信号接收器、列车接口电路、电源和辅助设备等，如图 9-4 所示。下面分别介绍有关设备的情况。

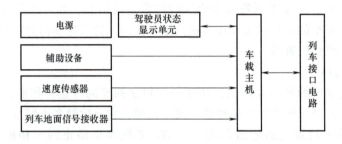

图 9-4　车载主要设备

（1）车载主机　ATP 系统的车载主机由各种印制电路板、输入/输出接口板、安全继电器和电源等设备组成。这些设备被分层放在机柜中，各设备利用机柜上的总线进行通信。

（2）驾驶员状态显示单元　驾驶员状态显示单元是车载系统与列车驾驶员之间的人机界面，可以显示列车当前的运行速度、列车到达某点的目标速度、列车到达某点的走行距离、列车的驾驶模式和有关设备的运行状况等与行车直接相关的信息；还设置有一些按钮，用于驾驶员操作，以控制列车运行。后文将详细介绍状态显示单元各个表示单元和按钮。

（3）速度传感器　信号系统通常在列车上装有一个或多个速度传感器，安装在列车的车轴上，用于计算列车的运行速度和列车运行距离及列车运行方向的判定。列车的运行速度还可以用雷达进行测定，但速度传感器技术成熟、测速精度高、安装使用简单方便，因此被广泛使用。

（4）列车地面信号接收器　列车地面信号接收器安装在列车底部，用于接收从轨道上传来的信息，这些信息可以由地面轨道电路发送，或由安装在地面的专门设备（如应答器）发送给列车。列车地面信号接收器根据所接收的信息格式、容量和处理速度等因素，可以设计为感应线圈或其他形式，以保证列车在一定的运行速度下能及时接收和处理所收到的信息。列车地面信号接收器的性能要求：抗机械冲击能力强、有很好的抗电磁干扰能力、信息接收误码率低、不丢失信息。

（5）列车接口电路　ATP 系统的车载设备通过车载主机与列车进行接口，车载主机将控制信息通过接口电路传送给列车，同时车载主机通过接口电路从列车获得列车运行的状态信息。

列车接口电路使用的继电器，根据使用的环境，需要体积小、力学性能好的继电器，一般使用弹簧继电器。

（6）电源和辅助设备等　列车为 ATP 系统车载设备提供所需的电源，列车上还有列车运行模式选择开关、各种电源开关和其他一些辅助设备等。

2. 状态显示单元

作为车载系统与列车驾驶员的人机界面，列车上的状态显示单元可以使用触摸屏或面板的形式，来实现列车状态信息的显示和对列车进行操控。以面板型状态显示单元为例，其上的主要内容一般包括操作按钮部分、信息显示部分、指示灯和报警器，如图 9-5 所示。

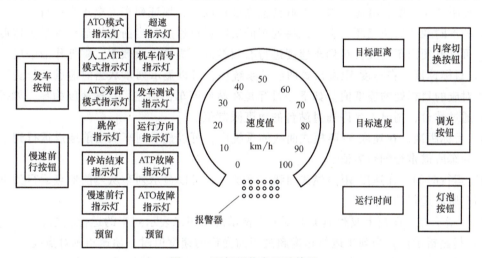

图 9-5　面板型状态显示单元

下面对面板型状态显示单元各部分进行介绍。

（1）按钮部分　按钮部分一般包括有发车按钮、慢速前行按钮、调光按钮、灯泡按钮、内容切换按钮等。其中，发车按钮和慢速前行按钮用于操纵列车运行，其他几个按钮用于对面板亮度的调整、显示内容的切换和自检等。

1）发车按钮。发车按钮通常带有灯光，当发车按钮灯光点亮时，列车驾驶员按压发车按钮，起动列车向前运行。如果列车这时处于自动驾驶模式下，列车将按照行车作业要求自动运行；若列车处于 ATP 系统控制模式下人工驾驶，列车驾驶员操纵牵引/制动手柄，控制列车运行。当发车按钮灯光熄灭时，按压发车按钮，属于无效操作。

2）慢速前行按钮。列车处于 ATP 系统控制模式下，当 ATP 系统不能从地面收到信息时，列车驾驶员按下慢速前行按钮，请求列车以不超过设定的速度值慢速前行。

列车慢速前行设定的最高速度值，根据不同的运营需求，可以设为 20km/h 或其他值。这个速度值一般比列车正常运行的平均速度要小，慢速前行模式适合当列车办理进出停车厂或车辆段作业时，控制列车慢速运行，遇到危险情况，可以采取措施，尽快让列车停车。

3) 内容切换按钮。面板上的内容切换按钮用来在切换某些显示区域内的不同信息，可以增加显示的信息容量。

4) 调光按钮。按压调光按钮，可以改变状态显示单元显示屏和指示灯的亮度。

5) 灯泡按钮。按压灯泡按钮，可以执行显示屏、指示灯和声音报警测试。

(2) 信息显示部分

1) 速度显示。触摸屏型和面板型状态显示单元一般把表示速度的区域放在屏或板的中央，便于直观显示列车的运行速度值。速度显示同时用模拟方式和数字方式显示，表示速度范围从零到线路允许的最大值，并留有一定的余量。

图9-5中，速度显示以100km/h作为最大允许运行速度值。中间的方框用数字显示当前速度值；围绕方框的环上标有刻度值，表示对应的列车速度值。通常用红色环指示列车当前允许运行的最大速度值，用绿色环表示列车当前的实际运行速度值。当绿色环超过红色环时，列车驾驶员可以直观看出列车发生了超速，并有报警提示，这时提醒列车驾驶员要采取措施，控制列车速度，将速度绿环降低到速度红环以内，保证列车安全正常运行。

两种不同颜色的速度环，直观地将列车的实际运行速度和当前允许运行的最大速度表示出来，可以方便列车驾驶员对列车速度进行有效控制，提高作业效率，降低作业强度。

2) 目标速度。在速度-距离模式曲线的系统中，可以显示列车从当前地点运行到下一目标处所对应的目标处的速度值。如下一目标是在站台停车，则显示目标速度为零；如果下一目标是通过站台，则显示允许通过站台的速度限制值。

3) 目标距离。在速度-距离模式曲线的系统中，可以显示列车从当前地点运行到下一目标处，列车所需走行的距离值。

4) 运行时间。在速度-距离模式曲线的系统中，可以显示列车从当前地点运行到下一目标处列车所需运行的时间。

(3) 指示灯　面板上或触摸屏上有多个指示灯，用来表示列车的运行状态。

1) 超速指示灯。当列车运行速度超过当前允许的速度值时，超速指示灯点亮。

2) 慢速前行指示灯。当慢速前行模式被激活时，慢速前行指示灯点亮。

3) ATO模式指示灯。当列车的模式选择开关放在ATO档位时，列车在自动运行模式（ATO模式）下运行，列车自动运行指示灯点亮。

4) 人工ATP模式指示灯。当列车的模式选择开关放在ATP档位时，列车在ATP系统控制下，由列车驾驶员人工驾驶列车运行，这时该指示灯点亮。

5) ATC旁路模式指示灯。当列车的模式选择开关放在旁路档位时，该列车的车载信号系统被切除，旁路指示灯点亮。

6) 发车测试指示灯。列车在发车进入运营线路前，要进行信号车载系统静态测试，如果该测试失败或没有启动该测试，该指示灯熄灭；如果测试成功，则该指示灯被点亮；如果测试正在进行中，该指示灯将不断闪烁。

7) ATP故障指示灯。当ATP系统发生故障时，该指示灯点亮。

8) 运行方向指示灯。当ATP系统明确列车运行方向，并且在列车对位停车时能够自动控制车门时，该指示灯点亮。

另外，还有一些指示灯在列车处于自动驾驶（ATO）状态或相应的事件发生时会点亮，如跳停指示灯和超速指示灯等。

（4）报警器　当列车发生超速运行有设备故障或目标距离、速度参数发生变化时，报警器会发出报警声，提醒列车驾驶员注意。

9.5　ATP系统的地面设备

ATP系统的核心设备安装在列车上，它所需的主要信息来自地面设备。根据城市轨道交通信号系统的不同制式，ATP系统的地面设备可以设置点式应答器或轨道电路，向列车传递有关信息，由安装在列车上的设备接收和处理这些信息。

1. 点式应答器

在速度-距离模式曲线为阶梯式图形的信号系统中，经常会在线路上间隔一定的距离设置点式应答器。这些应答器向线路发送或自身保存列车的行车信息，当列车经过时，由安装在列车车底的感应接收装置从中读取或接收信息，对这些信息进行综合分析处理。

点式应答器中所包含的信息包括线路位置、列车运行距离、基本线路参数、速度限制等，这些信息固化在应答器中。应答器可分为有源应答器和无源应答器。有源应答器向线路实时发送信息，由列车接收；无源应答器，只有在列车经过时，才由列车从应答器中读取信息。

2. 轨道电路

在城市轨道交通信号系统中，轨道电路除了具有表示列车是否占用轨道的功能外，还可以向线路上实时所发送列车运营需的信息，由列车接收和处理。轨道电路发送的信息容量大，有利于列车的车载系统对列车进行实时控制。

由于信号系统的处理能力和制式不同，轨道电路所发送的信息量有所不同，一般来讲，轨道电路所发送的信息可以有以下内容：

1) 轨道电路基本信息，如轨道电路的长度、坡道、曲线参数、所用的载波频率和轨道电路的编号等。

2) 线路速度，即列车在该轨道区段线路上受坡道和曲线等因素的影响所允许运行的最大速度。

3) 目标速度，即列车到达下一目标时的运行速度。

4) 运行距离，即列车到达下一目标时所需走行的距离。

5) 列车运行方向，即指明列车上行运行或下行运行。

6) 载波频率，即列车接收下一个信息的载波频率。

7) 道岔定反位，即列车前方经过道岔的定位或反位。

8) 列车停站信号，即指示列车处于停站状态。

9) 备用信息位，即预留用作其他的信息使用。

这些信息以数字编码的方式，顺序排列，放在一个信息包里。列车收到信息后进行译码和实时处理，实时控制列车的运行状态。

第10章

列车自动驾驶（ATO）子系统

10.1　ATO 系统概述

ATO 子系统（以下称为 ATO 系统）主要用以实现"地对车控制"，即用地面信息实现对列车驱动和制动的控制，包括列车自动折返，根据控制中心指令自动完成对列车的起动、牵引、惰行和制动，发出车门和屏蔽门同步开关信号，使列车按最佳工况正点、安全、平稳的运行。

10.2　ATO 系统的基本概念

ATO 系统为非故障-安全系统，其控制列车自动运行，主要目的是模拟最佳驾驶员的驾驶，实现正常情况下高质量的自动驾驶，提高列车运行效率，提高列车运行的舒适度，节省能源。

ATP 系统是城市轨道交通列车运行时必不可少的安全保障，ATO 系统则是提高城市轨道交通列车运行水平（准点、平稳、节能）的技术措施。

ATO 系统采用的基本功能模块与 ATP 系统相同。和 ATP 系统一样，ATO 系统也载有有关轨道布置和坡度的所有资料，以便优化列车控制指令。ATO 系统还装有一个双向的通信系统，使列车能够直接与车站内的 ATS 系统接口，保证实现最佳的运行图控制。

当列车处在自动驾驶模式下时，车载 ATO 系统运用牵引和制动控制，实现列车自动运行。

10.3　ATO 系统的组成

ATO 系统是非故障-安全系统，由车载设备和地面设备组成。

1. ATO 系统的车载设备

ATO 系统的车载设备包括车载 ATO 模块、ATO 车载天线、人机界面。

（1）车载 ATO 模块　车载 ATO 模块是 ATO 系统的核心组成部分，它包含硬件和软件两部分。车载 ATO 模块从车载 ATP 系统中获得必要的信息，如列车运行速度和列车位置等，车载 ATO 模块软件对这些数据进行实时处理，计算出列车当前所需的牵引力或制动力，向列车发出请求指令，列车牵引或制动系统收到请求指令后，对列车进行牵引或制动，对列车进行实时控制。

车载 ATO 模块与列车的牵引和制动系统相互作用，实现列车在站台区精确对位停车。

（2）ATO 车载天线　ATO 系统的车载模块与地面设备之间的信息交换是通过 ATO 车载天线来完成的，可实现 ATO 系统与 ATS 系统之间的信息交换。

ATO 车载天线一般安装在列车第一列编组的车体下，它接收来自 ATS 系统的信息，同时向 ATS 系统发送有关的列车状态信息。这些信息一般包括以下内容：

1）从列车向地面发送的信息。ATO 系统车载模块通过 ATO 车载天线向地面 ATS 系统发送的信息有列车识别号信息，该列车识别号信息包括列车的车组号、车次号、目的地编码等内容。列车向地面发送的信息还有列车运行方向、列车车门状态、车轮磨损指示、列车车轮打滑和空转、车载 ATO 模块状态和报警信息等。

2）从地面向列车 ATO 车载设备发送的信息。从地面向列车 ATO 车载设备发送的信息有列车开关门命令、列车车次号确认、列车测试指令、门循环测试、主时钟参考信号、跳停/扣车指令和列车运行等级等。

（3）人机界面　列车驾驶员通过人机界面可以将列车运行的模式选择为"ATO"，起动列车在 ATO 模式下运行。

2. ATO 系统的地面设备

ATO 系统的地面设备由地面信息接收发送设备和轨道环线组成。这些地面设备接收来自列车 ATO 车载天线所发送的信息，并把 ATS 有关信息通过轨道环线发送到线路上，由列车 ATO 车载设备进行接收和处理。

地面信息接收/发送设备的谐调控制部分安装在信号设备室内，轨道环线安装在线路上。

10.4　ATO 系统的主要功能

ATO 系统的功能分为基本控制功能和服务功能。基本控制功能是自动驾驶、无人自动折返、自动控制车门打开，这三个控制功能相互之间独立地运行。服务功能包括列车位置、允许速度、巡航/惰行、PTI 支持功能等。

1. ATO 系统的基本控制功能

（1）自动驾驶

1）自动调整列车运行速度。ATO 车载控制器通过比较实际列车运行速度及 ATP 系统给出的最大允许速度及目标速度，并根据线路的情况，自动控制列车的牵引及制动，使列车在区间内的每个区段始终按控制速度（ATP 系统计算出来的限制速度减去 5km/h）运行，并尽可能减少牵引、惰行和制动之间的转换。

2）停车点的目标制动。车站停车点作为目标点，由 ATP 轨旁单元和 ATS 系统控制。当停车特征被启动后，ATO 系统基于列车速度、预先决定的制动率和距停车点的距离计算出一个制动曲线，采用最合适的减速度（制动率）使列车准确、平稳地停在规定的停车点。其与列车定位系统相配合，可使停车位置的误差小于 0.5m。

假如列车超过了停车点，ATP 系统准许后退一定距离。如果超过后退速度限制值，向列车驾驶员发出声音和视觉报警。

3）从车站自动发车。当发车安全条件符合时（ATO 模式下关闭了车门，这由 ATP 系统监视），ATO 系统给出起动显示，驾驶员按下起动按钮，ATO 系统使列车从制动停车状态转为驱动状态，停车制动将被缓解，然后列车加速。ATO 系统通过预设的数据提供牵引控制，该牵引控制可使列车平稳加速。

停站时间由 ATS 系统控制，并传送给 ATP 系统。另外，基于车站和方向的停车时间也储存在 ATP 轨旁单元中，用作 ATS 系统故障下的后备程序。

4）区间内临时停车。由 ATP 系统给出目标点位置（例如前方有车）及制动曲线，并将数据传送给 ATO 系统车载单元，ATO 系统得到目标速度为"0"的速度信息后自动起动列车制动器，使列车停稳在目标点前方 10m 左右。此时车门还是由 ATP 系统锁住的。一旦前方停车目标点取消，速度信息改为进行码后，ATO 系统使列车自动起动。假如车门由紧急开门打开，或是驾驶员手柄被移至非零位置，那么列车必须由驾驶员重新起动 SM 模式或 ATO 模式（如果允许）。

在危险情况下，例如按下紧急停车按钮或是因常用制动不充分而使列车超过紧急制动曲线，由 ATP 系统启动紧急制动，ATO 系统向驾驶员发出视觉和音响警报，5s 以后音响警报自动停止。

5）限速区间。临时性限速区间的数据由轨道电路报文传输给 ATP 车载设备，再由 ATP 车载设备将减速命令经 ATO 系统传达给列车驱动、制动控制设备。此时 ATO 车载设备的功能犹如 ATP 系统与驱动、制动控制设备之间的一个接口。对于长期的限速区间，数据可事前输入 ATO 系统，在执行自动驾驶时，ATO 系统会自动考虑到该限速区间。

（2）无人自动折返　无人自动折返是一种特殊情况下的驾驶模式，这种驾驶模式下无需驾驶员控制，而且列车上的全部控制台将被锁闭。

从接收到无人驾驶折返运行许可后，列车就自动进入 AR 模式，授权经驾驶室 MMI 显示给驾驶员，驾驶员必须确认这个显示，并得到授权，锁闭控制台。

只有按下站台的 AR 按钮以后，才实施无人驾驶列车折返运行。ATC 轨旁设备提供所需的数据以驾驶列车进入折返轨。列车将自动回到出发站台。列车一到出发站台，ATC 车载设备就会退出 AR 模式。

无人自动折返功能的输入是来自车载速度/距离功能的列车当前的速度和位置以及 ATP 速度曲线。无人自动折返功能的输出至列车制动和牵引控制系统。

（3）自动控制车门开闭　由 ATP 系统监督开门条件，当 ATP 系统给出开门命令时，可以按事前的设定由 ATO 系统自动打开车门，也可由驾驶员手动打开正确一侧的车门。车门的关闭只能由驾驶员完成。

当列车空车运行时，从 ATS 系统接收到的指定目的地号阻止车门的打开。

车门打开功能的输入是来自 ATP 功能的车门释放、运行方向和打开车门的数据，以及来自 ATS 功能的确定目的地号。

车门打开功能的输出将车门打开命令发给负责控制车门的列车系统。

2. ATO 系统的服务功能

（1）列车位置功能　列车位置功能从 ATP 功能中接收到当前列车的位置和速度等详细信息。根据上一次计算后所运行的距离来调整列车的实际位置。此调整也考虑到在 ATP 功能计算列车位置时传送和接收的延迟时间，以及打滑和滑行，另外，ATO 功能同测速单元的接口为控制提供更高的测量精确性。列车位置功能也接收地面同步的详细信息，由此确定列车的实际位置和计算列车位置的误差。对列车位置调整，可在由 ATO 功能规定的直至接近实际停车点 10~15m 的任意位置开始。由于这种调整，停车精度由 ATO 控制在希望的范围内。

列车位置功能的输入来自 ATP 功能的列车当前速度和位置、轨道电路信息的变化、测速单元的读入、轨道中同步标记的检测、SYNCH 环线。

列车位置功能的输出用作校正列车位置信息。

（2）允许速度功能　允许速度功能为 ATO 速度控制器提供列车在轨道任意点的对应速度值。这个速度没有被优化，只是低于当前速度限制和制动曲线给的限制。允许列车速度调整是为了能源优化或由惰行/巡航功能完成的列车运行。

允许速度功能的输入来自 ATP 功能的轨道当前位置的速度限制，以及列车制动曲线。

允许速度功能的输出送至 ATO 速度控制器。

（3）巡航/惰行功能　巡航/惰行功能的任务是按照时刻表自动实现列车区间运行的惰行控制，同时节省能源，保证最大能量效率。

ATO 巡航/惰行功能协同 ATS 中的 ATR 功能，并通过确定列车运行时间和能源优化轨迹功能实现巡航/惰行功能。

1）确定列车运行时间的功能。由 ATO 和 ATR 功能确定的列车运行时间，通过车站轨道电路占用完成同步。当列车在 ATO 功能下，从报文给定的列车运行时间中减去通过计时器测定的已运行时间，以确定到下一站有效的可用时间。

确定列车运行时间功能的输入来自 ATC 轨旁功能的轨道电路占用报文，以及通过 ATC 轨旁和 ATP 车载功能来自 ATR 功能的运行时间命令。

确定列车运行时间功能的输出至能源优化轨迹功能的到下一站停车点的有效运行时间。

2）能源优化轨迹功能。能源优化轨迹的计算要考虑加速度、坡度制动以及曲线制动。因此，整套系统的轨道曲线信息都储存在 ATO 存储器中。借助此信息，并使用最大加速度，惰行/巡航功能可计算出到下一停车点的速度-距离轨迹。

能源优化轨迹功能的输入来自确定列车运行时间功能的至下站可用的列车运行时间、ATO 存储器的轨道曲线、ATP 功能的 ATP 静态速度曲线（例如速度限制）。

能源优化轨迹功能的输出至 ATO 速度控制器的速度-距离轨迹。

（4）PTI 支持功能　PTI 支持功能通过多种渠道传输和接收各种数据，在特定的位置（通常设在列车进入正线的入口处）传给 ATS，向 ATS 报告列车的识别信息、目的号码和乘务组号以及列车位置数据（例如当前轨道电路的识别和速度表的读数），以优化列车运行。

PTI 支持功能是由车载设备和轨旁设备实现的。由 ATC 车载设备提供的数据，通过 ATO 功能，传输到 PTI 的轨旁设备，进而传给 ATS。

在将信息传输至轨旁设备之前，ATO/PTI 功能收集数据，完成合理检查。编辑信息必需的数据从 ATS、ATC 轨旁功能、司机 MMI 功能发送至 ATO。

PTI 是一个非安全功能。

10.5　ATO 系统的基本要求

ATO 系统的基本要求如下：

1) 根据线路条件、道岔状态、前方列车位置等，实现列车速度自动控制。列车在区间停车的停车点应尽量接近前方目的地。区间停车后，在允许信号的条件下列车自动起动。车站发车时，列车起动由驾驶员控制。

2) ATO 应能提供多种区间运行模式，满足不同行车间隔的运行要求，适应列车运行调整的需要；驾驶员手动驾驶及由 ATO 系统驾驶之间可在任何时候转换；手动驾驶时由 ATP 系统负责安全速度监督，自动驾驶时由 ATO 系统给出对驱动、控制设备的命令，ATP 系统仍然负责安全速度监督。

3) 站台定点停车精度应根据站台计算长度、列车性能和屏蔽门的设置等因素选定。站台定点停车精度宜在 ±0.25 ~ ±0.50m 范围内选择。

4) ATO 控制过程应满足舒适度和快捷性的要求。舒适度的要求主要是指牵引、惰行和制动控制以及各种工况之间的转换控制过程的加、减速度的变化率；快捷性主要是指控制过程的时间宜短，以减少对区间运行时分的影响和提高运行质量。ATO 系统应能控制列车实现车站通过作业。

5) 自动记录运行状态、自诊断及故障报警。

10.6 ATO 系统的基本工作原理

1. 列车自动驾驶

和 ATP 系统一样，ATO 系统也存储了轨道布局和坡度信息，能够优化列车控制命令。ATO 系统中有一套最大安全速度数据，与 ATP 系统的最大安全速度数据互相独立。这样，为了保证乘坐的舒适性，ATO 系统可按照最大速度行驶，不过这一速度要小于 ATP 系统的最大安全速度。ATO 系统的最大速度可以任意设置，梯进精度为 1km/h。

ATO 系统利用通过地面 ATP 设备传来的编码得知前方未被占用的轨道电路数目或者前行列车的位置，知道当前本次列车的位置，列车就可以在到达安全停车点之前，综合考虑安全因素，尽量以全速行驶。

ATO 系统的自动驾驶功能是通过 ATO 车载设备控制列车牵引和制动系统而实现的。为此，ATO 系统需要 ATP 系统的数据：从 ATP 轨旁单元接收到的全部 ATP 运行命令、测速单元提供的当前列车位置和实际速度信息、位置识别和定位系统的信息、列车长度、ATS 系统通过向 ATP 轨旁单元发送的出站命令和到下一站的计划时间。

如果 ATO 自检测成功完成，且 ATP 设备释放了自动驾驶，信号显示"ATO 启动"，可以实施 ATO 驾驶。

由 ATO 系统执行的自动驾驶过程是一个闭环反馈控制过程，其闭环控制框图如图 10-1 所示。测速单元（测速传感器）通过 ATP 系统向 ATO 系统发送列车的实际位置信息。反馈环路的基准输入是从 ATP 数据和运营控制数据中得出的。ATO 系统向驱动和制动控制设备提供数据输出。

ATO 系统模式在以下条件下被激活：

1) ATP 系统在 SM 模式下。

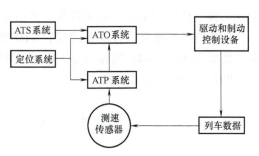

图 10-1 自动驾驶的闭环控制框图

2）已过了车站停车时间。
3）联锁系统排列了进路。
4）车门关闭。
5）驾驶手柄处于零位。

于是，驾驶员通过按压起动按钮开始ATO模式，列车加速达到计算的速度曲线。假如其中一项条件不能满足，起动无效，ATP系统关闭ATO系统至牵引的控制信号。在达到计算速度时，系统根据这个速度曲线控制列车的运行。当接近制动启动点时，ATO设备将自动控制常用制动使列车运行跟随制动曲线。

2. 车站程序停车

线路上的车站都有预先确定的停站时间间隔。控制中心ATS监督列车时刻表，计算需要的停站时间以保证列车正点到达下一个车站。由集中站ATS通过ATO环线传送给ATO车载设备。

控制中心能通过集中站ATS缩短或延长车站停站时间。如果控制中心离线，集中站ATS预置一个默认的停站时间，该时间是可编程的。

在控制中心要求下，列车可跳过某车站。这一跳停命令由控制中心通过集中站ATS传给列车。

3. 车站定位停车

车站精确停车通过在车站区域的轨道电路标识、轨道电路分界过渡和轨旁ATO环线变换来进行。轨道电路标识被用来确定停车特征的合适起始点；轨道电路分界过渡和轨旁ATO环线变换提供了距离分界，该距离分界用于达到所要求的位置精度。

当停车特征启动后，ATO系统基于列车速度、预先确定的制动率和距停止点的距离计算制动特征。ATO系统将通过根据要求改变牵引和制动需求来遵循此特征。制动率调整值通过ATO环线的轨旁设备取得。此调整是动态的，是根据异常线路情况做出的，并且可以从OCC或SCR（车站控制室）中进行选择。

一旦列车停车，ATO系统会保持制动，以避免列车运动。

ATO系统可以与站台屏障门（PSD）的控制系统全面接口，保证列车的精确和可靠的到站停车。

4. 车门控制

ATO系统只有在自动模式下才执行车门开启。在手动模式下，由驾驶员进行车门操作（ATP系统仍会提供一种安全的车门使能功能）。

当列车驶抵定位停车点，列车的定位天线（它接至车辆定位发送器和接收器）位于站台定位环线上方，环线置于线路中央，它连向站台定位发送器和接收器；只有当列车停于定位停车的允许精度范围内时，车辆定位接收器收到站台定位发送器送来的列车停站信号，ATO系统确认列车已到达确定的定位区域，ATO系统才发出"列车停站"信号给ATP系统，以保证列车制动；ATP系统检测到零速度，通过列车定位发送器发送列车停站信号给地面站台定位接收器，站台接收器检测到此信号，将其译码，使地面"列车停站"继电器工作；此时车站轨道电路ATP发送器发送允许打开左车门（或右车门）的调制频率信号；当车辆收到允许打开车门信号后，相应的门控继电器工作，并提供相应的广播和允许开门的信号显示，这时驾驶员按压与此信号显示相一致的门控按钮，打开规定的车门。

有了车门打开信号以后，车辆定位发送器改发打开屏蔽门信号，当站台定位接收器收到此信号后，打开屏蔽门继电器吸起，以使与列车车门相对的屏蔽门打开（包括屏蔽门的数量及位置）。

列车停站时间结束（或人工终止），地面停站控制单元启动车站 ATP 模块，轨道电路停发开门信号，车辆收不到开门信号，门控继电器落下。驾驶员按压关门按钮，关闭车门；与此同时，车辆停发打开屏蔽门信号，车站打开屏蔽门继电器落下；车站在检查了屏蔽门已关闭及锁闭好以后，才允许 ATP 系统向轨道电路发送运行速度命令信息，车辆收到速度命令的同时，检查了车门已关闭且锁闭、ATO 发车表示灯点亮，列车可按车载 ATP 收到的速度命令进行出发控制。

如果车门控制系统遇到在发出车门关闭请求后车门关闭被阻止的妨碍时，车门将会循环关闭。如果车辆在"x"（s）后还探测不到车门的关闭，告知车辆报告系统（VAS），同时产生一条关于关闭车门被阻止的报告。然后，车门在"y"（s）的延迟后被请求关闭。在"z"（s）后，如果车门还是被检出没关，车门将会打开，一条关门受阻的报警就送到轨旁设备。"x""y""z"的时间为 1~15s 可改变。

5. 轨旁/列车数据交换

列车与轨旁的通信是非安全的。在任何情况下控制中心需要与列车通信时，轨旁设备都作为数据交换的接口。

列车发到轨旁的数据：分配列车号、目的地、车门状态、车轮磨损表示（从 ATP 到控制中心）、在接近车站时制动所产生的过量车轮滑动、紧急情况或异常情况（比如不正确的开门）。

轨旁发到列车的数据：车辆车门开启命令、列车号的确认、列车长度、性能修改数据、出发测试指令、车门循环测试、主时钟参考信号、跳停指令、搁置命令、申请车载系统和报警状态。

6. 性能等级

性能等级是列车标识的一部分，可以被中央 ATC 修改。列车从轨旁接收到由中央 ATC 所确定的性能等级。性能等级由速度限制、命令的加速、预定的减速构成。为了减少数据的传输量，一张六个性能等级的表被存放在列车上。为了修改当前性能等级，中央 ATC 发送单数字命令。

7. 滑行模式

滑行模式是一种额外的性能等级，其要求是级别 1~5 处于有效状态，并且当申请滑行时，目标速度大于 40km/h。滑行模式会使列车在上电的间隙进行滑行，并且允许列车的实际速度在重新上电之前下降 11km/h。

10.7 ATO 系统与 ATP 系统的关系

在"距离码 ATP 系统"的基础上安装了 ATO 系统，列车就可采用手动方式或自动方式进行驾驶。在选择自动驾驶方式时，ATO 系统代替驾驶员操纵，诸如列车起动、加速、匀速惰行、制动等基本驾驶功能均能自动进行。然而，无论是由驾驶员手动驾驶还是由 ATO 系统自动驾驶，ATP 系统始终执行其速度监督和超速防护功能。可以这样认为：

手动驾驶＝驾驶员人工驾驶＋ATP 系统

自动驾驶＝ATO 系统自动驾驶＋ATP 系统

图 10-2 所示三种制动曲线，曲线①为列车的紧急制动曲线，由 ATP 系统计算及监督。列车速度一旦触及该制动曲线，立即启动紧急制动，以保证列车停在停车点。曲线①对应于列车的最大减速度，一旦启用紧急制动，列车务必在停稳后经过若干时间才能重新起动。因此，这是一种非正常运行状态，应该尽量避免发生。曲线②为由 ATP 系统计算的制动曲线，在驾驶室内显示出最大允许速度，它略低于紧急制动曲线（两者之间的差值通常为 3~5km/h）。当列车速度达到该曲线值时，应给出告警，但不启用紧急制动。显然，曲线②对应的列车减速度小于曲线①的减速度，一般取与最大常用制动对应的减速度。曲线③则是由 ATO 系统动态计算的制动曲线，即正常运行情况下的停车制动曲线。

通常将与曲线③对应的减速度设计为可以达到平稳地减速和停车的目的。从这三条停车制动曲线可以明显地看出：ATP 系统主要负责"超速防护"，起保证安全的作用；ATO 系统主要负责正常情况下列车高质量的运行。因此，ATP 系统是 ATO 系统的基础，ATO 系统不能脱离 ATP 系统单独工作，必须从 ATP 系统获得基础信息。而且，只有在 ATP 的基础上才能实现 ATO，列车安全运行才有保证。ATO 系统是 ATP 系统的发展和技术延伸，ATO 系统在 ATP 系统的基础上实现自动驾驶，而不仅仅停留在超速防护的水准上。

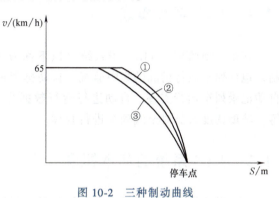

图 10-2 三种制动曲线

第11章 列车自动监控（ATS）子系统

11.1 ATS 系统概述

列车自动监控（ATS）子系统（以下称为 ATS 系统）主要实现对列车运行的监督和控制，包括列车运行情况的集中监视、自动排列进路、自动列车运行调整、自动生成时刻表、自动记录列车运行实迹、自动进行运行数据统计及自动生成报表、自动监测设备运行状态等，辅助调度人员对全线列车进行管理。

11.2 ATS 系统的基本概念

ATS 系统主要是实现对列车运行及所控制的道岔、信号等设备运行状态的监督和控制，给行车调度员显示出全线列车的运行状态，监督和记录运行图的执行情况，在列车因故偏离运行图时及时做出调整，辅助行车调度员完成对全线列车运行的管理。

ATS 系统在 ATP 系统和 ATO 系统的支持下，根据运行时刻表完成对全线列车运行的自动监控，可自动或由人工监督和控制正线（车辆段、停车场、试车线除外）列车进路，并向行车调度员和外部系统提供信息。ATS 系统功能由位于控制中心内的设备实现。

ATS 系统功能主要包括时刻表编辑、列车运行监视、列车自动调整、自动排列进路等。

ATS 系统的工作方式为集中管理、分散控制。

ATS 系统能与 ATP 系统、计算机联锁设备或继电联锁设备配套使用，并有与时钟系统、旅客向导系统和综合监控系统的接口。

ATS 系统负责监控列车的运行，是非安全系统。

1. ATS 系统设备组成

ATS 系统为多层体系结构，如图 11-1 所示，位于控制中心的 ATS 设备处于结构的最高层，位于车站的 ATS 设备处于结构的低层。ATS 系统通过专门的数据传输系统，实现控制中心 ATS 设备与各车站 ATS 设备之间的通信和数据交换。

2. 控制中心 ATS 设备

ATS 系统在控制中心的设备，主要有网络设备、服务器、存储设备、显示设备、打印设备等，可以分为设备硬件和设备软件两部分。

（1）控制中心 ATS 设备硬件 控制中心 ATS 设备硬件主要包括以下部分：

1）调度工作站。调度工作站用于调度员完成调度和运营作业，是控制中心的重要设

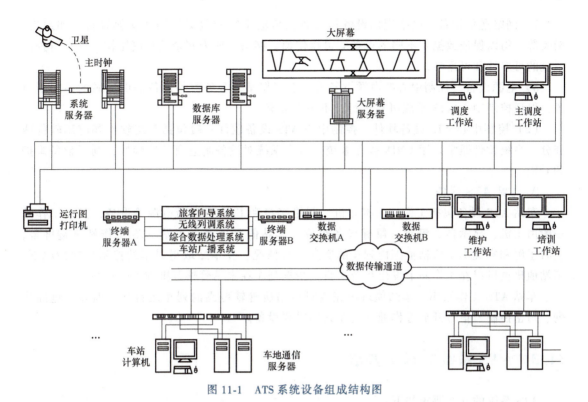

图 11-1　ATS 系统设备组成结构图

备。调度员通过调度终端屏幕，实时了解和掌握列车的实际运行情况，可以在调度工作站上发出指令，用于直接指挥列车运行。

每套调度工作站一般都有主机、显示器、键盘、鼠标、网络接口等。调度工作站主机数据处理能力强，一般为工作站级别；显示器配置高分辨率的显示器，以便清晰地观看屏幕上线路和运行列车的状态信息。

调度工作站根据运营需求，可以设置多个。调度主任和普通调度员分别在不同的调度工作站上操作，调度工作站的硬件结构配置完全相同，但管理权限不同，因而软件配置不同。

2）培训工作站。培训工作站用于培训作业，其硬件结构和组成与调度工作站相同，但软件配置不同。

3）维护工作站。维护工作站用于设备维护和检修人员对全线信号系统设备和列车进行监督，对信号系统中所检测到的故障及时处理，以保证信号系统设备稳定可靠运行。维护工作站的硬件结构和组成与调度工作站相同，但维护工作站上的作业一般不允许对列车进行控制，主要发挥维护工作站的监督和故障诊断作用。

4）列车运行计划工作站。列车运行计划工作站用于编辑某天或某一时段内所有运营列车的运营计划。列车运行计划编辑完成后，ATS 系统将控制列车按照所确定的运行计划运行。列车运行计划工作站的硬件结构和组成与调度工作站相同。

5）系统服务器。系统服务器是 ATS 系统的核心设备，由主机、显示器、键盘、鼠标、网络接口等组成，系统服务器装有系统软件和应用软件。系统服务器通过数据传输系统与网络上的其他设备实现数据交换。

6）数据库服务器。数据库服务器用来存储列车运行的相关数据，可以为软盘或光盘。

7）网络通信设备。网络通信设备是指数据传输系统的数据传输和交换设备，如通道、网关等，用以保证数据在不同的设备间可靠传递。网络一般为冗余的双网结构，这样可提高系统的可靠性和可用性。

8）电源设备。控制中心的电源设备为以上工作站、服务器等设备提供可靠的不间断电源，保证控制中心 ATS 系统可靠运行，不丢失数据。

（2）控制中心 ATS 设备软件　控制中心 ATS 设备软件一般包括系统软件和应用软件两部分。系统软件通常采用 UNIX 操作系统，减少系统对设备制造商的依赖性，利于设备维护和升级。

3. 车站 ATS 设备

车站 ATS 设备包括工作站、打印机、网络接口和 UPS 不间断电源等设备，其中工作站一般由主机、显示器、键盘、鼠标设备组成，车站值班员通过车站 ATS 工作站终端屏幕，实时了解和掌握本站所辖范围内列车的实际运行情况，在本站取得对车站控制权的情况下，车站值班员可以在工作站上发出指令，直接指挥列车在本站管辖范围内安全运行。

车站 ATS 工作站用于车站值班员完成对本站所管辖范围的列车运行状态监督、进路排列、道岔控制、信号开放等作业，是车站的重要设备。

11.3　ATS 系统的基本要求

ATS 系统的基本要求如下：

1）同一 ATS 系统可监控一条或多条运营线路，多条运营线路共用，可实现相关线路的统一指挥，并且也有利于实现资源的共享。监控多条运营线路时，应保证各条线路具有独立运营或混合运营的能力。

2）ATS 的计算机及网络系统应采用冗余技术，应设调度员工作站、调度长工作站、时刻表编辑工作站、工程师工作站以及其他必要的设备。调度员工作站的数量应根据在线列车对数、线路长度和车站数量等因素合理配置。

3）运营线路上的车站应纳入 ATS 系统的监控范围，涉及行车安全的应急直接控制应由车站办理。车辆段、停车场可以不全部列入系统监控范围。

4）ATS 系统应满足列车运行交路的需要，凡有道岔的车站均应按具有折返作业处理。

5）出入车辆段、停车场的列车不应影响正线列车的运行。

6）系统故障或车站作业需要时，经控制中心调度员与车站值班员办理必要的手续后，可实现站控与遥控转换，车站值班员也可强行办理站控作业。站控与遥控转换过程中，列车运行不应受到影响。

7）列车进路控制应以联锁表为依据，根据运行时刻表和列车识别号等条件实现控制。

8）ATS 系统应具有良好的实时控制性能，系统处理能力、设备空间等应留有余量，信息采集周期宜小于 2.0s。

9）ATS 系统可与计算机联锁或继电联锁设备接口；ATS 系统的进路控制方式应与联锁设备的进路控制方式相适应；ATS 系统控制命令的输出持续时间应保证继电联锁设备的可靠动作，其与安全相关的接口应有可靠的隔离措施。

10）ATS 系统宜从时钟系统获取标准时钟信号。

11.4 ATS 系统的主要功能

ATS 系统监控全线列车运行,它具有以下主要功能:集中监视和跟踪全线列车运行情况,自动记录列车运行过程,自动生成、显示、修改和优化列车运行图,自动排列进路,自动调整列车运行追踪间隔,信号系统设备状态报警,记录调度员操作,运营计划管理和统计处理,列车运行情况模拟及培训,与其他系统接口等。

1. 列车监视和跟踪功能

ATS 系统对在线所有运行列车进行实时监视和跟踪。列车监视和追踪功能包括以下内容:

1) 系统自动识别、读取列车车次号。
2) 列车运行计划时刻表自动产生车次号。
3) 人工输入车次号。
4) 列车运行的识别。
5) 列车运行的跟踪。
6) 在调度员台、维护台及大屏幕上显示列车位置。
7) 记录车次号。
8) 删除车次号。
9) 变更车次号。
10) 报告列车信息。

下面重点说明车次号的输入、跟踪、记录和删除。

每列列车进入轨道开始运营前,都会被赋予一个唯一对应的号码,该号码被称为列车车次号。列车车次号一般由两部分信息组成:列车车组编号和列车目的地编号。列车车组编号反映列车出厂时,标在列车车体上的编号信息,如车体上标有的 101 号,表示第 101 号车,这个信息在列车出厂后,固定不变。列车运营都有一个起点和终点,终点就是列车运行的目的地点,把运营所有目的地点编号,用数字代码对应,这些编号就是列车目的地编号(根据列车运营计划,给运营列车赋予一个目的地点编号,这个信息根据列车运营计划是可变的)。

1) 车次号的输入和修改。

当列车由车辆段或其他地点进入正线开始运行时,ATS 系统将根据列车运营计划时刻表由 ATS 系统赋予运营列车一个列车车次号。

列车驾驶员也可以人工输入列车车次号,修改和确认列车车次号号码。在控制中心大屏幕及调度员的工作站终端显示屏上,列车车次号随着列车运行位置不断变化,跟随列车显示。

当 ATS 系统监测到运营列车丢失车次号,或车次号发生错误,需要由列车驾驶员人工办理输入、修改或删除车次号作业。

ATS 系统删除某列车的车次号,意味着将该列车的车次号从 ATS 系统的车次号记录表中清除。车次号可以被系统自动删除,也可以人工删除。

2) 列车运行识别。列车在轨道上运行,信号系统通常将轨道划分为分段的轨道电路,可以用机械绝缘或电气绝缘来分割不同的轨道电路。系统监测到轨道电路的状态由"空闲"变为"占用"时，可以监测到列车在运行。ATS 系统根据列车车次号的目的地信息，为列车排列进路。

3）车次号的集中显示。在控制中心的调度终端显示屏（或专门设置的大屏幕）上，可以直观地显示全线和沿线各站信号设备的布置和工作情况，以及全线列车的运行状况，如列车所处位置及车次号、信号机显示状态、道岔位置、轨道电路状态、进路办理和开通状态、车站控制级别（本站控制或中央控制）、行车闭塞方式、车站扣车作业、信号设备状态报警等信息，以及根据调度员的需要显示车辆段内列车运用状况及各种报告等。

2. 列车自动排列进路功能

ATS 系统的列车自动排列进路功能，能够对轨道电路、信号机、道岔实现集中控制，根据列车的运行情况，在适当时机向车站联锁设备发送排列进路命令，转换道岔，开放信号，保证列车的安全运行。列车自动排列进路功能通过捕获列车的车次号信息，来获取列车的运行任务，由车站设备最终完成进路自动排列作业。

列车自动排列进路功能取代了人工办理进路作业，进路的办理由系统自动完成，可以有效地降低控制中心调度员和车站值班员的工作强度，消除人工办理进路过程中出现的失误和错误，提高系统的运营效率，保证运营作业安全高效的进行。

控制中心调度员或车站值班员，在必要时可遵照管理程序和规章制度进行人工干预，包括人工建立及取消正线各种进路等。调度员和值班员的人工控制命令，在被系统执行前，ATS 系统会检查其合理性，并给出相应提示，提醒调度员和值班员注意。

3. 列车追踪间隔调整功能

（1）列车追踪间隔调整功能分类　线路上有多列列车在运行时，ATS 系统对前后列车之间的运行间隔，进行实时监测和调整，保证列车在线路上安全、有序、高效的运行。列车追踪调整功能可以有两种方式来实现，间隔调整方式和时刻表调整方式。下面我们对两种调整方式作简要介绍。

1）间隔调整方式。要求列车间隔调整功能自动控制列车运行，均衡列车到达每个车站站台的间隔。在间隔调整模式下，列车一般在线路上循环连续运行。

2）时刻表调整方式。ATS 系统在控制中心监控正线运行的所有列车，并对列车的运行进行调整。列车将按照预定的列车运行计划时刻表，开展运营作业，所有列车的位置和运行状况都被自动监控，以确定每列列车的运行是否偏离计划时刻表的要求。如果列车运行偏离计划时刻表要求，系统会给出报警以提示调度员。系统能够根据计划时刻表的要求改变列车目的地号和跟踪车次号。

列车追踪调整功能负责自动排列进路、开放信号、调整列车运行等级、控制列车的停站时间。

（2）列车间隔调整功能的实现方式　列车间隔调整功能通过两种方式调整列车的运行，来最小化列车偏离计划时刻表运行的趋势，或按照间隔调整方式行车。

1）修改列车运行等级。城市轨道交通根据线路的使用情况，可以将列车运行分为不同的运行等级。在不同的情况下，列车运行在不同的速度范围内。如在正常情况下，列车可以运行至线路允许最高速度，这时列车运行等级最高；而在轨道湿滑等不稳定条件下，列车运行最高速度应适当降低，这时列车运行等级较低。运行等级越低，对应的列车允许运行的速度值越低。

若列车运行情况比列车计划时刻表晚，系统可以提高列车运行等级；若列车运行情况比列车计划时刻表早，系统可以适当降低列车运行等级。通过这样调整运行等级，使实际的列车运行图与计划的列车计划时刻表尽量接近，减小偏差，保证运营作业按计划实施。

2）自动调整车站停站时间。列车运行间隔还可以通过调整列车在车站的停站时间来实现。根据列车运营计划和前后列车的相对位置大小，通过适当调整列车在车站的停站时间来逐步调整列车间隔，实现列车间隔调整。

（3）人工干预列车间隔调整　控制中心调度员可以通过人机界面，修改车站最大、最小停站时间，或为站台设定确定的停站时间，从而改变"列车调整功能"中关于站台停站时间的有关数据。

有些情况下，列车调整功能将受到影响：

1）列车在到达下一停车站发生故障抛锚。
2）调度员对前方列车或下一停站列车实施了扣车命令。
3）列车间隔调整功能延长了停在下一站的列车的停站时间。
4）在下一停站作业或之前对列车实施了紧急停车。
5）下一停站的车站出现紧急情况，站台上的紧急停车按钮被按下等。

4. 列车运行模拟仿真功能

ATS 系统提供模拟仿真功能，借此可以训练操作员和维护人员。模拟仿真是通过仿真手段，离线模拟列车的在线运行，主要用于系统的调试、演示以及人员培训。模拟仿真功能与在线控制模式功能相同，主要的差别在于列车的信息不是实际获取，而是根据列车车次号位置来模拟实际列车。仿真模拟运行能够模拟在线控制中的系统功能，但它与实际的现场设备之间没有任何信号设备表示信息和控制命令的信息交换。

根据 ATS 系统仿真系统要求，它一般具有如下功能：

1）列车时刻表管理仿真功能。
2）列车速度仿真功能。
3）信号机逻辑功能模拟。
4）轨道电路、道岔逻辑功能模拟。
5）ATP 功能模拟。
6）数据库维护模拟。
7）调度操作和故障仿真功能。

5. 列车运行重放功能

列车在实际运行时，ATS 系统的数据库服务器会储存列车运行的各种信息，包括调度员发布的调度命令以及线路信号设备的实际工作状态信息等。

列车运行重放功能允许用户查看一段时间内的列车运行数据，再现过去某一时间段内线路上信号设备状况、列车运行情况以及调度员操作等信息。

执行重放功能时需要确定存档文件的位置，存档文件按照一定程序载入系统后，系统处理这些数据文件，启动并执行重放功能。

列车运行重放功能对于分析事故和故障原因，有很大的作用；还可以用来分析评估列车运营计划，优化运营管理程序，提高调度作业效率。

6. 事件记录、报告和报表生成、打印功能

ATS 系统能够记录大量与运行有关的数据，如列车运行里程数、实迹列车运行图、列车运行与计划时间的偏差、重大运行事件、操作命令及其执行结果、信号设备的状态信息、设备的故障信息等。

ATS 系统可提供多种报告，帮助控制中心调度员了解列车运行情况和系统工作情况。系统可根据用户的要求提供各种统计功能，生成各种统计报表（如日报表、周报表、月报表等）。调度员可调用列车运用计划，对它进行修改，发布新的运行计划。ATS 系统所记录的事件都有备份，以防止损坏后无法恢复。这些数据可以通过服务器进行访问、编辑，在需要时可以进行检索、打印。具体记录内容包括以下几个方面：

1）列车运行数据。
2）列车运行间隔调整情况。
3）实迹列车运行图。
4）计划列车运行偏差。
5）ATS 系统报告的重大事件。
6）调度员操作命令。
7）ATS 操作的开始和结束时间。
8）设备故障信息。
9）日期和时间信息。
10）列车情况报告等。

7. 报警功能

ATS 系统能及时记录被监测对象的状态，有以下功能：

1）故障的预警、诊断和定位。
2）监测列车防护系统是否正常工作。
3）监测信号设备和其他系统设备的接口状态。
4）在线监测与报警。
5）监测过程不影响被监测设备的正常工作。

在 ATS 系统相应工作站的显示终端上，有一个报警窗口显示所出现的故障信息，严重的故障还用音响报警提示，以提醒调度员以及维护人员及时处理，直到恢复正常状态为止。

ATS 系统的报警内容如下：①线路上信号设备故障；②轨道电路故障；③车站控制故障；④列车车载系统故障；⑤车辆故障；⑥ATS 系统设备故障；⑦接口故障等。

所出现的报警信息按照类别、优先权、时间等顺序显示在报警窗口的相应栏目中。如果不同的报警同时发生，优先级最高的报警将首先显示。调度员必须对系统发出的严重报警信息进行处理和响应，其过程将被系统记录。

8. 接口功能

ATS 系统除了具有以上所述的基本功能外，还可以与其他控制系统进行数据交换：

1）主时钟系统。
2）车站旅客向导系统。
3）车站广播系统。
4）无线列车调度系统。

5）综合数据处理系统等。

ATS 系统与这些系统之间的接口，遵循一定的通信协议和格式，具体接口情况因不同的设备而定。

11.5 ATS 系统的基本原理

1. 自动列车跟踪

列车追踪系统是监视受控区域内列车移动的。无论是自动还是人工方式，每列列车与一个列车车次号相关联。当列车由车辆段进入正线运行时，ATS 系统根据计划时刻表自动给该列车加入车次识别号。根据对来自联锁设备信息的推断，随着列车的前进，列车车次号在列车追踪系统中从一个轨道区段单元向下一个轨道区段单元移动。列车移动在调度员工作站上的车次号窗内以列车识别号显示出来。车次号按先到先服务的原则显示。

（1）列车识别号报告　每次列车准备进入运营时，它将自动地被分配一个列车标识，根据预先存储的列车时刻表来命名进入系统的列车。根据列车跟踪系统，显示列车标识并能在显示器上移动列车标识。

列车识别号包括目的地号、序列号和乘务组号和车组号：

1）目的地号——规定列车行程终到地点。
2）序列号——按每次行程自动累增。
3）乘务组号和车组号——显示在特定的对话框中。

如果某一列列车出现在列车追踪系统所监视区域中，该列车识别号必须报告给列车追踪系统。列车识别号报告给列车追踪系统的方法有手动输入、用读点（PTI）读入、从列车时刻表中导出、在步进检测中产生。

当无法自动导出列车识别号时必须手动输入。调度员在其监视区的第一个区段输入列车识别号。如果该区段已被某一列车识别号占用，则不能输入列车识别号。

在系统的边界点（例如在车站），可安装检测接近列车的 PTI。当多次读入的车次号被传输时，列车自动追踪系统可以识别出这些读数属于这一列车。

列车运营是由时刻表决定的，时刻表系统建议列车的识别号。将车次号输入到相应进入的区段，按它们的出现顺序调用。

步进是列车号从一个显示区段移动到下一个与列车移动相应的显示区段的前进。当轨道区段发生从空闲到占用的状态变化，或轨道区段发生从占用到空闲的状态变化，或来自 PTI 有效列车数据的输入，或来自 OCC MMI 功能的人工步进命令的输入时都会产生步进。如果由于故障不能自动步进，也可以手动步进。

（2）列车识别号跟踪　自动列车跟踪要完成列车号定位、列车号删除、车次号处理。

1）列车号定位。列车号向轨道区段的分配由下列任一情况所启动：

① 在列车离开车辆段的地点，一个向正线方向的列车移动被识别，列车号从时刻表数据库取出。

② 来自 PTI 的有效列车数据输入。

③ 来自 OCC MMI 的一个列车号插入或修改的输入，或在没有列车号能被步进到的位置识别到一个列车移动时，依照时刻表产生一个列车号。

2) 列车号删除。当步进超出自动列车跟踪功能的监控范围，或从 OCC MMI 功能输入一个人工删除命令时，列车号被删除。

3) 车次号处理。车次号处理包括从 OCC MMI 功能输入一个新的列车号、输入列车识别号、更改列车识别号、删除列车识别、人工步进列车识别号、查询列车识别号。

(3) 自动排列进路　通过列车进路系统，实现了进路的自动排列。这可以节约调度员大量的操作工作量。其功能就是将进路排列指令及时地输出到联锁设备中去。

调度员可在任何时候都绕过列车进路系统，用手动方式办理进路。列车进路系统则在可用性检查中检测这一行动。列车进路系统可由调度员关闭，这一点是必要的，因当调度员人工办理进路时，要避免列车进路系统发出命令的危险。列车进路系统可以为某些信号机、某些列车和某些联锁而关闭。

只有正常方向才考虑自动选路，反方向要受到 OCC MMI 的干预。

1) 运行触发点。列车进路系统只是在列车到达某一特定地点时才被启动，该特定地点称为"运行触发点"。运行触发点的位置必须进行配置，运行触发点的选择应能使列车以最高线路允许速度运行。但运行触发点又不能发生得太早，否则其他列车可能会遇到不必要的妨碍。为此，可以确定一个延时时间来决定输出列车进路指令的时间。该时间称之为"接通时间"，由最长指令输出时间、联锁最长设定时间、列车到达接近信号机之前驾驶员看到和做出反应的时间、预留的时间等来决定。

在驶近列车进路始端时，可以确定多个运行触发点。这样就可以保证列车进路系统的可靠工作，即使在出现问题而未发送出列车位置的情况下也能保证其可靠性。对于每一条进路，应在其他始端的前方，配置一个附加的、称之为"重新建立"的运行触发点。

对每个运行触发点，要对起动列车进路系统的目的地编码予以配置。列车进路由列车初始位置和列车的终到（目的）编码来确定。终到编码必须含在列车识别号中。列车位置、列车号是通过列车追踪系统报告给列车进路系统的，它决定了所要求的目的地。

2) 确定进路。当到达触发点的列车请求进路时，已配置的数据就确定了进路。为此，为每个带有效目的地码的触发点配置一条进路。

对于每一条进路，还可以配置出替代进路。替代进路是必要的，如果该进路已被其他列车占用，那么就可以把替代进路按优先顺序存储到运行触发点处。

进路可由两种方法予以确定：

第一种，由时刻表来确定进路。前提条件是必须有一个时刻表系统，能提供当天适应于每一列列车的时刻表。列车进路系统利用这些信息确定列车的进路命令，相关的替代进路也被确定。

第二种，从地点相关的控制数据中来确定进路。为此有必要在车次号中包含目的地码，然后相应的进路就可以通过目的地码的方式指派到每一个运行触发点。

3) 进路的可行性检查。在进路设定指令输出到联锁设备之前，需进行若干可行性检查，该检查将决定执行或拒绝命令。

首先要进行"进路始端检查"，以检查没有排列敌对进路。

然后进行"触发区段检查"，检查没有其他列车处于该列车和进路入口之间，确认该列车是否到达进路的始端。

接着要进行"进路可用性检查"，目的是防止将不能执行的命令发送到联锁设备上。这种检查要经过若干步骤来实施：第一步，要检查是否自始端开始的进路已排好；第二步，检查进路的自动办理是否可能；第三步，检查是否有短期障碍（如轨道被占用等）。

如果所有检查都成功完成，则给联锁设备输出一个进路命令。

在规定的时间间隔之后进行"办理进路检查"，以查明联锁设备是否允许执行选择进路的命令，已办理好进路，并与输出命令相符。

列车自动排路功能不取消进路。

2. 时刻表系统

时刻表系统要完成如下内容：

1) 时刻表数据管理。
2) 向其他 ATS 功能模块提供时刻表数据。
3) 向外部系统提供时刻表数据。
4) 为停站时间时刻表的在线装载设置界面。
5) 为时刻表的离线修改设置界面。
6) 为使用中的时刻表增加或删除一个列车行程设置界面。
7) 按自动列车追踪请求安排列车识别号。

ATS 设备包括时刻表数据库，该时刻表数据库里存储有 ATS 功能要求的所有时刻表信息。时刻表数据库里的信息是由时刻表计算机提供的。

（1）时刻表编辑　时刻表的编制和修改在离线模式下用给定的数据在时刻表编辑器中编辑。基本数据代表一列列车在某段线路上的运行。基本数据包括站间旅行时间、车站与折返线之间的旅行时间、在折返线上的停留时间。

时刻表包括到站和离站时间。为了编制时刻表，调度员必须通过时刻表编辑界面输入以下数据：运行始发时间、运行始发地点、运行终到站、每一运行间隔阶段的开始时间和终止时间、每一运行间隔阶段（是一个时间段，在当日对所有列车有效）的运行间隔。

调度员通过时刻表编辑界面输入必要的信息后，时刻表编辑器/模拟器从该信息中综合出所需时刻表。如果新的时刻表存在冲突就会被显示。调度员可以调整时刻表的结果。如果调度员存储时刻表，时刻表就被确定。为不同类型的运行阶段可存储不同的时刻表。

系统时刻表中列车运行图或列车运行档案通过列车运行图表示器显示出来。

（2）时刻表系统处理程序　手动选择当天运行的时刻表，这样的时刻表当天运行有效。

时刻表查询功能通过向时刻表系统查询，得到列车的计划到达或出发时间及到达下一站的时间。列车自动调整从时刻表系统得到用于列车调整的时刻表数据。

如果列车识别号在列车自动追踪时丢失，则向时刻表系统询问列车识别号，时刻表系统能给一个列车识别号建议。对此，确定的列车识别号（按当天时刻表）是预定的地点和时间最适当的车次。

（3）时刻表比较　时刻表比较器比较时刻表上预定的到达或出发时间和当前列车的到达和出发时间，为列车运行图表示器和自动列车跟踪提供列车与当前时刻表的偏差，启动列车自动调整。若时刻表偏差超过一规定值，时刻表偏差通过 MMI 给以显示，时刻表比较器进而给列车自动调整指令以调整列车的运行，其目标是补偿列车的实际偏差。此时，更新在乘客信息显示盘上的列车到达时间。

3. 列车自动调整

由于许多随机因素的干扰,列车运行难免偏离基本运行图,尤其是在列车运行密度高的城市。一列列车晚点往往会波及许多其他列车。当出现车辆故障或其他情况时,列车运行紊乱程度更加严重。这就需要从整体上大范围地调整已紊乱的运行秩序,尽快恢复运行,人工调整很难尽善尽美。

采用自动调整方法,可以充分发挥计算机的优势,能比较及时并全面地选出优化的调整方案,使列车运行调整措施更智能化,避免人工调整的随意性。同时,调度员也可以积极发挥主观能动性,尽一切可能主动干预列车运行调整。

(1) 列车运行调整所需采集的数据　调整列车运行,首先必须实现对列车运行情况以及轨道、道岔、信号等设备状况的集中监督。

基本数据包括车站的顺序和种类、站间旅行时间、各站的停站时间、车站与折返线之间的旅行时间、在折返线上的停留时间和计划时刻表数据等。

实时数据包括调度员下达的控制指令、在线运行列车的实时位置和速度、在线运行列车的限制速度和安全距离。

(2) 列车运行调整的目标

1) 减少列车实迹运行图与计划运行图的偏差。

2) 所有列车的总延迟最短。

3) 减少旅客平均等待时间。

4) 列车运行调整的时间尽量短。

5) 实施运行调整的范围尽量小。

6) 使整个系统尽快恢复正常运营。

(3) 列车运行调整的系统模式　列车运行调整的系统模式是指系统调整列车运行的自动化程度。可分为人工调整和自动调整两种类型。

人工调整方式除具有自动排列进路、自动的时刻表和车次号管理功能外,还具有自动调度功能,即能根据时刻表和调度模式,按时自动调度列车从始端站出发,但运行调整仍需要人工进行。

自动调整除具有人工调整模式的全部功能外,还具有自动调整功能,能根据计划时刻表自动调整列车停站时间和运行等级,使列车尽量恢复正点运行。

调度员应具有通过策略选择程序引用正确策略的能力。对于计算机显示的可应用方案和实施选择方案,何种修正动作是最适宜的,调度员能做出最佳判断,选择最适宜的方案。

(4) 列车运行调整的基本方法　对列车运行进行调整,实质上是对列车运行图的重新规划,它是在 ATS 系统对列车运行和道岔、信号设备能实时控制的基础上实现的。当列车偏离计划运行图的程度不大时,可以利用运行图自身的冗余时间,对个别列车进行调整即可恢复按图运行;当列车运行紊乱程度较严重时,则需要大幅度调整列车运行。

1) 改变车站停站时间。通过车站 ATS 系统适时发送命令,控制站内列车的停站时间。若列车晚点,可使列车提前出发(但也必须受车站最小停站时间的约束);若列车早点,则可延长列车停站时间。这种方法可以在一定范围内调整列车正点运行。

2) 改变站间运行时间。根据列车的速度和位置,可以预测列车到达下一站的到站时间。如果预测的到站时间晚于计划到站时间,可以向列车的 ATO 设备发送命令,提高 ATO

运行等级，缩短站间运行时间，从而及时消除可能出现的晚点。

3）越站行驶。如果列车晚点太多，需要快速赶点，可要求列车直接通过下一个车站或多个车站，以尽快恢复到计划时刻表上。

4）改变进路设置。在有道岔的车站，可通过改变进路的设置来改变列车运行的先后顺序，从而达到调整的目的。

5）修改计划时刻表。当列车晚点时间比较多，或者涉及晚点的列车比较多时，可以考虑直接修改计划时刻表，尽可能地减小对整个系统的影响，保证系统的有序运行。修改计划时刻表通常包括加车、减车和时刻表整体偏移等。

（5）列车运行调整的算法

1）线路算法。一旦列车进入运营，线路算法将监视和控制列车的运行性能。线路算法的主要功能是快速和自动地管理由于较小的线路干扰造成的延误。线路干扰是指列车与其时刻表相比提早或滞后的状态，这将影响列车停站时间和在正线上列车的运行。线路算法通过调整列车的停站时间和运行等级，动态和自动地调整列车运行性能和列车运行时刻，使延误的影响减小或消失，以使本站的出发计划误差和下一站的到达计划误差最小。还调整受影响列车的前行列车和后续列车的空间间隔，以平稳地脱离线路干扰。当线路算法确定一列列车或一组列车不能保持与时刻表一致（在时刻表误差内）时，它将产生一个报警。调度员能从时刻表控制中撤销一列列车或一组列车或者修正时刻表误差并取消报警，还能中止线路算法的自动运行。线路算法还应用于列车到达车站之前启动车站广播设备和旅客向导系统的控制。

2）进路控制算法。进路控制算法将监督所有运营中列车的进路。列车上所存储的进路应能被控制中心改变。控制中心能自动地或由控制台发出命令，要求改变目的地，并且能验证列车已收到的新目的地。

4. 控制和显示

当调度员通过键盘等输入命令时，列车控制和显示功能将驱动显示和报警监视器，提供运行状态和历史信息，还检查从现场返回的所有状态数据并按要求动态地更新显示报警消息；允许调度员在授权的情况下，人工向系统输入命令，调用各种显示；处理所有调度员的输入以及协调这些输入的执行。控制和显示功能不允许不能执行的自动控制请求。

ATS 主机服务器将处理所有进到调度员工作站的输入和来自该工作站的输出，接收从工作站来的命令，包括登记、退出、显示、硬拷贝、跟踪、列车控制、自动运行调整、数据输入、一般用户信息、报警、报警处理、进入/退出处理、列车和轨旁 ATC 状态请求、诊断信息请求等。

对于重要的命令采用命令释放程序，例如调度员的命令和确认，进路、保护区段、轨道区段、道岔和信号机的状态，列车位置，时刻表数据库中的每日时刻表，时刻表偏差，所有ATS 功能的错误信息，以及记录功能中的运营信息和错误信息。

调度员可通过 ATS 控制中心控制联锁设备。借助于设备显示器上的对话框和鼠标来输入联锁指令，然后送到联锁设备中。可实现如下操作：打开/关闭列车进路模式、打开/关闭联锁区域、指定联锁区域、对单一道岔操纵。

车辆段内信号机由车辆段信号楼控制，出段信号机由 ATS 系统自动控制。段内调车作业应能自动追踪，并能与 ATS 控制中心交换信息。

操作授权决定调度员可以使用哪些命令和可以访问哪些信息。调度员操作授权由系统管理员决定，并且通过登录过程完成。

线路的现状通过 MMI 以图形方式实时地向调度员显示。全线概况显示：由 ATS 系统控制，显示的信息包括列车的位置和进路状况、车站名和站台结构、保护区段、轨道区段、道岔和信号机的状态，以及所有 ATC 系统状态和工作的动态表示、ATC 报警信息。信息的类型与显示的详细程度可以由调度员的显示控制命令控制。缩放功能允许从全景显示缩放到单个要素的显示。

MMI 可显示调度员对话框和基本视窗。所有的功能、线路的总体情况和详细情况都可以在基本视窗上进行选择。

以下功能可通过基本视窗进行选择：设备和系统的总体概况，对话（例如用于系统登录/退出），调度员控制，信息功能（例如操作日志或者用户的登记）。

系统概况显示出各种硬件设备以及它们的状况。通过这种办法能很快查找出损坏的设备。

列车识别号总体显示表示每一列列车的列车识别号。

详细情况显示是详细地表示出一些较小的区域，用于控制决策以及监督特定列车或功能，如线路地形、列车识别号以及道岔编号、信号机编号和详细报警。

5. 记录功能

按顺序和类别存档从其他 ATS 功能得到的信息，例如操作信息和错误信息。能够通过 MMI 功能检查记录。记录序列存放在 MMI 工作站上，必要时能够回放。

收到的操作和错误信息按事件和起因（联锁功能、ATS 功能、操作系统或联锁命令）分类。每个信息的文本和类别按时间顺序储存在操作记录上。

ATS 系统的记录和回放功能允许 MMI 工作站记录显示在监视器上的事件。记录和回放功能只在控制中心的三个调度员工作站上有效，并将在这些工作站记录 MMI 监视器显示的画面。

6. 列车运行图显示

列车运行图在线路-时间坐标上显示，横坐标是线路轴，纵坐标是时间轴。线路上的车站按次序描绘在线路轴上。

在计划运行图中，显示预定的到站和离站时间。

实迹运行图中显示当天计划运行图，以及当天的相应计划运行图及与时刻表的偏差。实迹运行图与相应计划运行图用不同的颜色对比显示。

各种运行图的每一运行线上，都标示了线路标志和列车行程号。时刻表偏差显示在相应列车的运行线边，该偏差表示相应车通过该车站的发车时间偏差。

通过列车运行图显示功能可执行下列操作：设置运行图颜色、放大部分运行图、调出时刻表、调出当前运行图。

7. 培训/演示

培训/演示系统能完整测试 ATC 系统全线的列车运行调整和列车跟踪功能的有效性。此外，模拟应能验证特定时刻表的有效性。模拟功能是交互式的，允许调度员输入。培训/演示系统具有两种供学员选择的模式：一是列车运行模式，在该模式下，学员可以通过选择某一联锁管辖区，在显示器上观察该区的工作情况，作为系统的初步培训；另一模式为指令模式，在该模式下，学员可进行各种命令输入，并能通过显示器动态地给出命令响应，如果命令错误，自动给出提示报警。由此可对学员进行实际操作的培训。

培训/演示系统包括有一个模拟 MMI（DS）和一个模拟 PC（S-PC）。

DS 是供学员学习的，在培训和演示系统中模拟 ATS 部分，包括了 ADM（系统管理服务器）、COM（通信服务器）和 MMI 功能。DS 为一个工作站，带有两台监视器和一台用于打印操作日记和报警表格的打印机。该工作站能执行多达 20 列列车的 ADM/COM 和 MMI 的功能。其操作系统、ATS 软件模块以及应用数据通常都与 ATS 系统一样。

S-PC 是供教师工作的，是一个标准的 PC，在培训/演示系统中模拟外部设备和处理过程。该 PC 的性能足以保证能模拟要求的行车间隔内的 20 列列车。

DS 和 S-PC 是通过以太网连接的。

1）DS。在 DS 上只有模拟必需的 ADM、COM 和 MMI 功能，模拟系统无冗余。

学员需用相应的用户名才能进入 DS。MMI 功能是否全部、部分或根本就不对学员开放，就取决于这一用户名。

DS 上必要的 ADM 功能都对学员开放。

COM 中用于模拟目的的功能，在 DS 上开放：列车时刻表比较、列车自动调整、自动办理进路、列车监视和追踪、时刻表管理（但不得对时刻表进行修改）。

COM 中的以下功能不在 DS 上开放：PIIS（旅客信息显示）、DTI（发车计时器）、BAS（环境与设备监控系统）、FAS（火灾自动报警系统）、车辆段联锁接口、TEL（通话）。

概况显示在 MMI 上的模拟模式下全部可以实现，设备显示包括轨道概况、列车号概况、细部概况以及系统概况。在模拟模式下，学员完全可以实现以下对话：变更责任（全部功能）、记录、变更工作站、联锁对话、列车移动监视、列车自动调整对话。

在模拟模式下，学员不具备以下对话：车辆段服务对话、时刻表编辑器、列车运行图显示、记录和回放。

2）S-PC。S-PC 模拟全部有关联锁功能、有关外部设备、有关 ATP 功能、有关 ATO 功能、列车运行。S-PC 具有图像操作界面，里面装有用户化的线路平面。

与 MMI 一样，S-PC 显示线路平面，包括联锁元件以及列车运行车次。DS 和 S-PC 的显示因为模拟的局限与实际设备的状态可能不相同。联锁元件的显示也会按实际情况的变化而变化。用这种办法，教师就可在 S-PC 上设置轨道电路是否空闲或被占用，进路是否已办理完毕等。

在正常操作情况下，即无教师输入任何干扰的情况下，在 S-PC 上模拟实际过程时，只需很少的操作。

S-PC 模拟每一个相关的联锁元件（轨道区段、信号机、道岔）的功能，若有状况的变化，则将其用报文形式传送到 DS。模拟联锁元件之后，还模拟相关的联锁功能，实时模拟办理进路，ARS（自动办理进路）的开/关以及从当地控制转到遥控都属此范围。

S-PC 全部模拟 PTI（列车识别系统）功能。当列车进入或离开车站或者停在车站时，S-PC 将 PTI 报文（到达、停车和出发报文）发送给 DS。对于那些在车站区域以外的 PTI，S-PC 将在列车通过 PTI 时就产生一个通过报文。

S-PC 还生成 RTU（远程终端单元）的生存标志。

除了 LCP（局部控制盘）指示灯不模拟以外，全部当地的 LCP 功能（如"扣车"和

"放行"以及远程 LCP "扣车""放行"和"跳站"等）均被模拟。模拟包括对运营停车点和停留时间的处理。

DTI 的功能仅仅是部分模拟。如果列车在车站停车，那么 S-PC 在停留时间过后，就自动解除停车点的命令，以使列车离开车站。

ATS 与 ATP 功能有关的只有"运营停车点的办理和解除"以及车站内紧急停车和反向命令等，因此 S-PC 不模拟其他 ATP 功能。如果一列列车离开车站的轨道区段，S-PC 则办理其运营停车点。如果另外一列列车又进站了，而原运营停车点又没被取消，那么该停车点就继续保持下去。在停车点解除之后、列车就继续行驶。停车点还可由 ATS 系统在列车进入车站之前予以解除。在这种情况下，列车就会实现经车站不停车运行。

ATS 与 ATO 功能有关的仅有"惰行/巡航"和给出的列车识别号，因此，S-PC 不模拟其他 ATO 功能。在 S-PC 的模拟过程中，要给出两站之间的距离。S-PC 通过走行时间和到达目的地车站的距离就可以确定出准点到达目的地车站的速度。与真正的 ATO 不同，该模拟器的速度对整个运行时间都是常数。所确定的速度限制在实际的最大允许速度值内。输入到 S-PC 里的列车识别号可以由 DS 更改。

模拟列车运行，如果 ATR（列车自动调整）被关闭，那么列车则以在 S-PC 中规定的某一速度走行。例如列车每 15s 就向前移动一个轨道电路，对于使用中的 ATR 而言，列车向前移动的速度不是常数。给出旅行时间，S-PC 就计算出列车相对于实际速度向前移动的相对时间。

11.6 ATS 系统的运行

1. ATS 系统的正常运行

ATS 系统的正常运行，在大部分情况下，是自动进行的，无需调度员干预。由于车站 ATS 分机可存储管辖范围内的当日运行时刻表，中心一般仅为监视，而由 ATS 分机进行列车运行的自动控制。

车站的 ATS 处理器通过从信号系统收到的轨道电路占用信息，监视列车运行情况，据此为列车办理进路。办理哪条进路以及何时办理进路的依据是时刻表，或者根据调度员为该列车提前指派的目的地信息。

ATS 分机可以对列车驾驶曲线做细微的调整，以遵守时间表规定的出发时间；停站时间可以调整，ATO 滑行开关控制参数可以修改。

调度员工作站对时刻表所做的其他修改内容也将传达给 ATS 分机，并用来确定新的出发时间。

当列车接近某个 ATS 分机的控制区边界时，该 ATS 分机就将列车资料传给同一条线上的下一个 ATS 分机，这样接收这些资料的下一个 ATS 分机可以为列车办理所需的进路。

ATS 分机将有关其控制区内的列车和信号设备（轨道、道岔、信号机等）的信息传给 OCC 中的 ATS 设备，这些信息在工作站的屏幕上显示，供调度员监控，并在显示盘上显示整个线路的情况。

如果正常的自动运行发生问题（例如要求的进路无法设定）时，ATS 分机向 OCC 发出报警信号，要求调度员人为干预。

调度员也可以根据需要，脱离系统的自动运行，而 ATS 系统能提供对列车分配、进路办理和道岔转换的全面人工控制。

车辆段内的 ATS 设备没有自动运行模式。

2. 列车调度

ATS 系统用列车时刻表自动地和人工地调度列车。在培训/演示计算机上生成时刻表并下载到 ATC 主机服务器上。由系统维护四类时刻表：日常、周六、周日、假日及特殊时刻表。在同一时间只使用一种时刻表。在每晚的预定时间，系统将设定次日的时刻表。在设定之前，调度员有权选择为次日建立的时刻表类型。如果没有选择，系统将自动地选择相应的符合本周本日的时刻表类型。

时刻表由每列列车的调度数据构成。列车调度数据包括列车标识号、转换区和终端区的出发时间、车站到达和出发时间、每列列车的起始站和终点站。系统提供应用程序以在培训/演示工作站上生成和更新时刻表。该应用程序是菜单驱动的，并且不要求繁杂的原始数据编辑。一旦生成时刻表，它可以方便地直接下载到在线系统或被存储。

系统按"待用的""现役的"或"停用的"来标识计划列车。待用列车是正等待自动或人工将其插入系统中去的列车。现役列车是指一列正在被系统跟踪和生成历史信息的列车。当一列列车到达其目的地或从系统中将其人工撤销时，则该列列车被认为是停用的。可用两种方法将一列停用的列车再次插入系统：第一种，可以修改列车的进入时间，使列车标识号再次插入某车站的序列窗中，该列车再次成为"待用的"；第二种，指定车站直接将列车插入系统，使列车成为"现役的"。

调度员接口包括用鼠标/键盘插入、移动、交换、撤除列车跟踪标识号的功能。"插入列车"功能将引入一列计划或非计划列车进入系统并在指定的轨道区段上方显示列车的标识号。"移动列车"功能是将一列计划或非计划列车的标识号从一个显示位置移到另一个位置。"交换列车"功能是用于交换两个列车标识号的位置。"交换列车"功能还包括由调度员编辑列车出发数据、到达时间和目的地标识号的功能。"撤除列车"功能是从系统中撤销早先进入的列车标识号，并取消显示。

ATS 系统从转换区和终端区以及车站之间的正线上调度和跟踪列车。基于当前的预存时刻表，给被检出的列车配上一个标识号。在计划出发后的规定时间内，若一列列车没有出清联锁区，则向调度员发出报警。在每个车站转换线，随后的三列计划列车将在值班员的 CRT 上显示。系统调度和跟踪进出车辆段的列车。ATS 系统将实际的标识号与时刻表中的列车标识号相比较，如果它们相同，系统将为列车设定一条进路进入下一车站；如果这些标识号不同，系统将产生一条报警。

在列车计划出发前的某个指定时间内，列车没有到达转换区或终端区，将引发值班员控制台处的一条报警。

列车要出发时，ATS 系统通过列车出发指示器发送一个指示给驾驶员。

3. 列车控制

ATS 系统以自动控制模式或人工控制模式来控制和调整列车。系统将根据从本地接收到的轨道表示信息连续地跟踪列车，并在工作站 CRT 和显示盘的轨道图上显示每列列车的位置。在与每条轨道相关的地方显示列车标识号。列车标识号将自动跟随轨道表示而变化，利用这种方式，在整个范围内可监督列车的运行。在运营中，系统维持每一列列车的跟踪记录，记录包括列车在每个车站的到达和出发、记录实际走行时间、计划走行时间和实际与计划走行时间的差值。通过列车进入跟踪时所派给它的列车识别号可以找出列车记录。

系统提供一组控制功能，调度员用这些功能能人工指挥通过其控制区域的列车。这些功能包括启动道岔、设置进路、取消进路和关闭信号。"进路设定"功能将发送控制命令给车站，来排列和开通一条进站或出站进路。如果在联锁区有一条以上的进路可以使用，将从优先表中选择进路；如果优先进路不能使用，则选择顺序中的下一条进路。"启动道岔"功能发送控制命令给车站以转动道岔。"关闭信号"功能发送控制命令给车站，取消已开放的信号。

4. 运行图/时刻表调整

在每个车站，集中站 ATS 与控制中心 ATS 相连，将运行图和时刻表的调整信息传给列车。

运行图调整是由控制中心确定的，控制中心计算保证列车正点到达下一个车站所需要的运行图。有六个运行等级加上滑行模式可供选择。典型的调整是改变运行等级，包括设置最大速度和加速度。启动滑行模式也可影响运行时间。控制中心将运行图调整信息传到轨旁 ATS 再传到列车。

时刻表储存在集中站 ATS 中，必要时也可从控制中心获得。只能选择两个时刻表。

发生控制中心离线时，指定的集中站（如终点站）使用默认的调度时刻表来进行列车调度。默认的调度时刻表是建立在每天、每周的运行上，可由本地编程或由控制中心控制。

5. 目的地/进路控制

列车进路在正常情况下是通过车-地通信系统的进路申请建立的，该申请受控制中心的监督。如果控制中心同意进路申请，进路就可执行。控制中心的操作员只有在异常条件下才会干涉。控制中心能拒绝任何进路申请。在异常情况下或者存在不同的进路要求时，控制中心将干涉。如果申请的进路不满足控制中心的要求，控制中心将发出报警并将进路置为手动。

轨旁设备可从控制中心、车站 ATS、接近轨道电路接收进路申请。

在有车-地通信环线的任何集中站，车站 ATS 都能通过轨旁车-地通信模块询问列车的目的地编号。车站 ATS 在时刻表中查找列车车次号，向联锁设备发送进路申请，由联锁设备选择需要的道岔和信号机以建立进路。车站 ATS 也向控制中心传送进路信息，如果控制中心同意进路申请，列车就可以在完成停站时间后离开车站；如果控制中心离线并且车-地通信申请的进路有效，则进路不需批准即可执行；如果控制中心离线而车-地通信申请的进路无效，则进路不会执行；如果车站 ATS 失效，则通过自动的接近出清来排列进路。

6. 自动排列进路

在中央自动（CA）模式中，系统根据当前时刻表自动地请求排列进路。通过使用时刻表和系统采集的实际列车数据（实际到达/出发时间和实际到达/出发进路），计算机将检测冲突，提议解决的方法，以有效和及时的方式自动设置进路。

只有当列车和车站的控制模式都设在 CA 模式时，才能自动为列车排列进站进路，系统提供设定列车和车站控制级别的功能。"设定车站控制级别"功能请求设定本地、人工或自动控制等级。"设定列车控制级别"功能将一单独的计划列车的控制等级设为自动或人工。

在 CA 模式下，系统基于自动排列进路规则，设置列车前方的最佳进路号码。如果所要求的进路因故没有开通，或一列列车在预定的时间因故未离开车站，则向调度员发出一条报警信息。

如果调度员人工排列一条不同于计划进路的列车进路进站，则自动排列进路功能将不为该列车排列出站进路，它认为调度员有其改变到达进路的原因。当列车到达站台时，系统试图在列车出发前 1min 设置出站进路。若列车晚点，系统将在停站时间结束前 1min 设置出站进路。"设定最小停站时间"功能可以人工调整停站时间，"自动提议"功能能确定列车冲突，然后提出可能的解决办法。当停站列车离站时，"自动提议"功能可被人工或自动触发，所提议的解决办法提供调度员确认。需说明的是所有解决办法均需调度员确认，也就是说调度员确认列车不可以偏离其时刻表。

7. 历史数据记录

系统采集所有列车、车站信息和出现的报警，这样做是为了编辑一份完整的系统运行历史。数据写入软盘供以后分析用，并可将其归档供长期储存。所记录的列车数据包括计划和实际到达时间、计划和实际出发时间、计算的计划偏差。

可以联机检查数据或在网络打印机中打印出来。显示的格式是易读的并且按列车或车站组织。根据接收到的轨道表示，确定联锁区之间的列车实际走行时间，计算列车计划走行时间与实际走行时间的偏差并记录下来。通过使用"列车的计划时间"或"车站的计划时间"功能，来检查所记录的运行图偏差。"列车的计划时间"功能将显示列车通过全部车站计划的、实际的和偏差的时间。"车站的计划时间"功能将显示所有列车通过指定车站计划的、实际的和偏差的时间。如果列车超出了晚点阈值，则认为列车晚点到达车站，由调度员或系统管理员来调整晚点的阈值。

系统记录所有动作，如轨道电路占用、信号机和道岔的状态、进路设定和解锁数据以及列车运行等。所有采集到的信息都可以用文字或图形的格式在线查看。

如果指定了文字格式，则数据可送到打印机打印出来或在屏幕上显示出来。这类格式化的数据展示了所记录的控制和表示的顺序，以详细检查在特定的车站内所发生的事件。一个调度员或所有调度员都可以请求数据并可按指定的时间或时间范围请求数据。

如果指定图形格式，则必须由指定的调度员和时间来请求数据。在工作站上显示的信息与事件发生时的一样，用连续更新时间显示来描述每个事件实际出现的时间。系统还能加速、慢速或暂停重放图形显示。

系统采集来的全部数据被储存在软盘上最少需要 72h（默认值可由调度员或系统管理员联机调整），还可以使数据在系统上删除之前，自动进入 WORM 软盘备用。系统不能自动地从 WORM 软盘中再次调用数据；由于系统只能使用驻留在软盘上的文件，因而为了分析 72h 以前的数据，系统管理员需要先恢复已存入 WORM 软盘的备用数据文件。这类处理过程能通过使用系统文本和可能提供的命令程序来简化。

8. 其他支持功能

（1）模拟　模拟功能能模拟响应调度员控制和系统发生事件时中央 ATC 系统的表示。列车运行、轨旁表示和 TWC 表示都被精确地模拟，以便能对列车时刻表和算法进行测试。所有模拟的对控制中心控制命令的轨旁回应时间都通过一个文本数据库来进行配置，对于每一轨道运行时间也通过一个文本数据库来进行配置。

由于表示的来源对系统的其他功能是不透明的，模拟器可用来测试系统工作并向学员提供一个逼真的列车控制环境。当启动模拟系统时，模拟器被激活并可在培训/演示工作站上使用。

（2）调试　调试功能给用户提供软件系统内部作业的接口，允许输入和扫描内部信息。调试功能是一个软件开发和故障查找的诊断实用程序，并且供熟悉控制中心 ATC 系统软件的维修人员使用。调试功能可用于诊断由中央启动控制所遇到的问题。通过参照一张编码-功能分配表，维修人员可以扫描输出控制和进入现场点，以便确定问题的来源。如果看到预期的控制，而未看到预期的表示，则问题来源可以缩小，排除了控制中心 ATC 系统的软件问题。

调试功能还可以与培训的模拟器一起使用。因为模拟器功能生成响应调度员控制的所有预期现场表示，调试功能可以用来促成一个非预期的表示或生成一个模拟报警条件。以此方式，调度员可在系统运营之前熟悉处理过程。

（3）重放　重放功能提供启动重放和执行交互重放功能的用户接口。重放功能允许请求、检查和控制一段重放时间。在输入有效的重放请求时，重放功能恢复存储的数据并处理数据文件。然后用户能检查所要求数据的重放。

重放一段时间给用户提供了图形化的系统状态再现和影响系统状态的作业，这些是基于存储数据基础上的。重放应用 X-Window 屏幕，允许用户交互使用。重放功能启动和初始化图形并执行重放允许用户控制时间段。当用户输入有效的时间时，重放尝试从硬盘驱动器或依附于控制中心 ATC 主机服务器的 WORM 软盘上恢复已经存储的配置文件。如果文件没有找到，重放将发送一条信息给用户。

（4）构成常备时刻表　该功能给用户提供了生成新时刻表、编辑已有时刻表和修改日历数据的接口，控制中心 ATC 系统用日历数据自动选择时刻表。在生成新时刻表时，系统提供了减少由用户输入所需数据量的特性。该功能是一个独立可执行的功能，由培训/演示工作站的约定管理器窗口内的应用程序菜单启动，它为用户提供输入和修改列车时刻表以及日历信息的能力。该功能只能由某一个用户在培训/演示工作站上使用。因为构成常备时刻表功能只能在培训/演示工作站上使用并且被设计成单用户操作，所以不用文件锁闭机制来阻止多用户修改同一时刻表。

该功能只与脱机时刻表数据一起应用，时刻表数据库的访问是受限制的，并由用户来控制。直到新时刻表和日历信息被编入控制中心 ATC 主机服务器，任何脱机的时刻表和日历的变化均不会影响联机系统。不存在对这些时刻表和日历文件的自动版本管理。用户在对文件做修改前，可以复制一个时刻表或日历文件到不同文件名中去，这样修改之前的时刻表或日历文件能再恢复。

11.7　ATS 故障模式

1. 控制中心工作服务器故障

工作服务器若发生故障，自动开关就会探测到，然后把控制权转交给备用服务器，备用服务器即成为工作服务器。

该服务器探测到自己已成为工作服务器后，向所有车站 ATS 索取信息，并停止处理来自工作站的控制指令。

为了响应控制中心发出的信息要求，每个车站 ATS 将其控制区内的信号设备和列车的完整信息送给控制中心。控制中，被索要的车站 ATS 信息发送速度受到控制，以避免让通信网络或中央服务器超载。当所有信息收集齐全后，恢复全部的控制设施，供调度员使用。

从工作服务器失灵，到自动开关测出失灵状态、转交控制权，再到信息传送完毕，整个过程需时不到 1min。除了向控制中心传送信息外，车站 ATS 还继续执行所有正常的列车跟踪和路线设定功能，线路继续运营，但路线设定功能降级。

2. 控制中心设备全面失灵

如果控制中心设备全面失灵，系统在车站 ATS 指挥下继续运行，基本上就是这种能力的延伸。车站 ATS 在硬盘上存储有 7 天的时刻表信息，每个车站 ATS 将继续按照当前的时刻表，自动设定路线。

车辆段控制器可以独立于控制中心，将出站列车信息传给相邻的车站 ATS，因此可以指定一列列车投入运行，由车站 ATS 指挥它在正线上行驶，直到它返回车辆段。

当控制中心系统恢复后，每个车站 ATS 将把其当前状态的信息送给控制中心，以恢复控制中心监视、控制整个系统的能力，调度员能够上传存储在本车站 ATS 和车辆段控制器中的记录信息。

3. 车站 ATS 服务器失灵

当车站 ATS 工作服务器失灵后，被自动开关探测到，系统就会把控制权转交给备用服务器。

由于 ATS 服务器是热备式，备用服务器掌握有关控制区内联锁和列车当前状态的全部信息，因此能够立即投入，为列车安排进路并向控制中心汇报状态信息。

一个车站 ATS 中的两个服务器都有一个专用的联锁接口连通本地信号系统。当失灵的服务器重新启动后，它可以获得该区所有的信号信息，包括已占用轨道电路。

工作服务器和备用服务器之间没有更新机制，但在运行的头几分钟内，备用服务器自动与工作服务器同步。

第12章 基于通信的列车自动控制(CBTC)系统

12.1 CBTC 系统概念

基于通信的列车自动控制（Communication Based Train Control，CBTC）系统是一个安全的，具有高可靠性、高稳定性的基于无线通信的 ATC 系统，现较广泛地应用于城市轨道交通运输中。它的特点是用无线通信媒体来实现列车和地面设备的双向通信，用以代替轨道电路作为媒体来实现列车运行控制。

基于无线通信的 CBTC 系统是指通过无线通信方式（而不是轨道电路），来确定列车位置和实现车-地双向实时通信。列车通过轨道上的应答器，确定列车绝对位置，轨旁 CBTC 设备根据各列车的当前位置、运行方向、速度等要素向所管辖的列车发送"移动授权条件"，即向列车传送运行的距离、最高运行速度，从而保证列车间的安全间隔距离。

CBTC 系统的突出优点是可以实现车-地之间的双向通信，并且传输信息量大，传输速度快，很容易实现移动自动闭塞系统，大量减少区间敷设的电缆，减少一次性投资及日常维护工作，可以大幅度提高区间的通行能力，灵活组织双向运行和单向连续发车，容易适应不同车速、不同运量、不同类型牵引的列车运行控制等。

CBTC 系统应用的关键技术是双向无线通信系统、列车定位技术、列车完整性检测等。在双向无线通信系统中，欧洲应用 GSM-R 系统，美洲则用扩频通信等其他种类无线通信技术。列车定位技术则有多种方式，例如车载设备的测速-测距系统、全球卫星定位、感应回线等。

12.2 CBTC 系统的特性

CBTC 系统相比传统的铁路信号系统有如下特性：
1) 不需繁杂的电缆，转而以无线通信系统代替，减少电缆铺设及维护成本。
2) 可以实现车辆与控制中心的双向通信，大幅度提高了列车区间通过能力。
3) 信息传输流量大、效率高、速度快，容易实现移动自动闭塞系统。
4) 容易适应各种车型、不同车速、不同运量、不同牵引方式的列车，兼容性强。
5) 可以将信息分类传输，集中发送和集中处理，提高调度中心工作效率。

12.3 CBTC 系统的结构图

图 12-1 所示 CBTC 系统结构，从图中可以看出，CBTC 系统主要包括控制中心（ATS）、区域控制器（ZC）、联锁控制器（Microlok）、车载控制器（VOBC）、数据存储单元（DSU）、轨旁设备无线接入（AP）和接入交换机等。

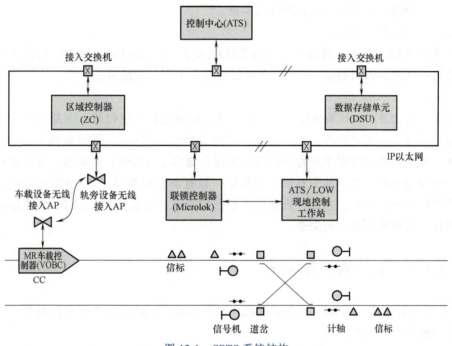

图 12-1 CBTC 系统结构

12.4 CBTC 系统的组成

1. ATS 系统

ATS 系统的主要功能是在控制中心显示屏上显示控制范围内列车运行状态及相应设备的状态信息。基于这些状态信息和相应列车运行时刻表，ATS 系统能够实现自动排列进路，自动调整列车运行，可以通过改变停站时间和站间运行时间来完成。ATS 系统包含时刻表工作站、操作员工作站、其他的网络和设备等。

2. CI 系统

轨道空闲处理、进路控制、道岔控制和信号控制功能是 CI 系统的主要功能。进路控制功能负责整条进路的排列、锁闭、保持和解锁。道岔控制功能负责道岔的解锁、转换、锁闭和监督。这些动作是对 ATS 系统命令的响应。信号控制功能负责监督轨道旁信号机的状态，并根据进路、轨道区段、道岔和其他轨旁信号机的状态来控制信号机。

它根据来自 ATS 系统的命令设置信号机何时为停车显示。它也产生命令输出，ATC 系统以此来控制列车从一个进路行驶到另一个进路。

3. ZC

ZC 从 VOBC、CI 系统、ATS 系统和 DSU 接收各种状态信息和数据信息，并对这些信息进行处理，为辖区内的列车计算移动授权（Movement Authority，MA），并通过无线局域网（Wireless Local Area Network，WLAN）发送给列车，控制列车安全运行。

4. VOBC

在 VOBC 中，列车的位置和运行方向信息在保证列车安全运行中作用重大，列车定位采用测速传感器和地面应答器相结合的方式实现。

5. DCS（数据通信系统）

DCS 采用 WLAN 技术，通过在沿线设无线接入点（Access Point，AP）的方式实现列车与地面之间不间断的数据通信。一个 AP 可以传输几十公里的距离。

6. DSU

在城市轨道交通 CBTC 系统中，列车不是通过轨道电路来定位的，而是通过安装在车轮上的测速传感器来实现定位的，为了实现系统的调度和协调统一，就要求列车和地面共用一个数据库。要实现整个数据库的管理就需要数据存储单元（DSU）来实现，这个数据库存储了列车与地面的各种信息，其中有静态数据库，也有动态数据库。ZC 功能的实现就需要不断地调用数据库中的数据。因此，数据库中数据的安全是很重要的，CBTC 系统是通过冗余的方式来保证数据库中数据的安全。

12.5 CBTC 系统的工作原理

CBTC 系统是指通过 WLAN 的方式实现列车和地面间连续通信的列车控制系统。系统的核心部分为轨旁和车载两部分。

列车通过列车上的测速传感器和线路上的应答器来得到列车的实时位置，应答器在线路的固定位置设置，列车每经过一个应答器时就会在数据库中查找其位置，从而得到列车的精确位置，列车的实时速度是通过测速传感器获得的，通过速度对时间的积分获得列车的相对位移，每经过一个应答器的实际位置加上相对该应答器的相对位移就可以实时地获得列车的准确位置。VOBC 将列车的准确位置通过 WLAN 发送给轨旁设备，实现列车对地面设备的通信。

轨旁的核心设备是区域控制器（ZC），它负责管理运行在其管辖范围内的所有列车。

ZC 接收 VOBC 发送过来的列车位置、速度和运行方向信息，同时从联锁设备获得列车进路、道岔状态信息，从 ATS 系统接收临时限速信息，再考虑其他一些障碍物的条件计算 MA，并向列车发送，告诉列车可以走多远、多快，从而保证列车间的安全行车间隔。

由于 CBTC 系统能够精确地知道列车的位置，"速度-距离模式曲线（Distance to Go）"是其对列车的控制原则。事实上，不管是 CBTC 系统还是传统意义上的由轨道电路完成列车控制的系统，其控车原则都很相似，只不过 CBTC 系统对列车位置的把握准确度更高，对列车控制的准确度也会更高，基于轨道电路的系统，移动授权是轨道区段长若干倍，而 CBTC 系统的移动授权更精确。正是 CBTC 系统能够更精确的控车，才可以缩短了列车追踪间隔，使运行效率大大提高。

12.6 国内外 CBTC 系统的发展

1. 国外 CBTC 系统的发展

基于 WLAN 的 CBTC 系统，在定位精度、车-地数据通信方面有明显的优势，成为国内外城市轨道交通发展的趋势，国外对基于 WLAN 的 CBTC 系统的研究较早，也取得了一定的成就，形成了美国、日本、欧洲三大体系。

（1）美国 AATC 系统　基于无线通信的"先进的自动化控制（AATC）系统"是美国在 1992 年提出的，系统最大的特点就是列车定位采用扩频通信方式来实现，实现的方式是沿着线路按规定距离布设很多个无线电台，这些无线电台作为车-地之间传输信息的中转站，控制中心从无线电台接收到信号后，处理这些信号，通过无线电在传输信号时传输的时间来计算出列车的位置，并根据位置信息计算速度，从而"告诉"列车以多大速度行驶、何时加速，从而控制列车运行。

（2）日本 ATACS　基于双向无线通信的"先进列车管理与通信系统（ATACS）"是日立公司在 1995 年开发研制的。与 AATC 系统不一样，ATACS 是采用将铁路线路划分成很多个控制区，每个控制区作为一个独立的单元，由一个地面控制器和一个无线电基站组成。地面控制器通过与无线电基站相连，从无线电基站接收列车的位置信息，为列车计算前方安全的运行间隔，实现列车以安全的最小追踪间隔追踪运行。

（3）欧洲 ETCS　欧洲列车运行控制系统（ETCS）主要包含三个级别：

1）级别 1 就是以前线路上普遍采用的固定闭塞加信号机实现控车的方式，对列车的控制信息是通过应答器传送给列车的，轨道电路不传输信息给列车，只是检查列车完整性和不精确地为列车定位。

2）级别 2 通过无线通信系统 GSM-R 实现列车与地面之间的通信，连续地控制列车速度，采用应答器定位的方式为列车定位，并通过地面核心设备无线闭塞中心（Radio Block Center，RBC）实现列车完整性的检测。

3）级别 3 通过车-地之间双向通信实现移动闭塞方式控车。这一级就属于 CBTC 系统。

2. 国内 CBTC 系统的发展

经过几代人的孜孜以求，我国成为继德国、法国、加拿大之后，第四个成功掌握该项核心技术、并成功开通运营的国家。这解决了信号系统核心技术依赖外国公司的难题，为我国大中城市大规模城市轨道建设与运营提供了国产化技术与装备保障。

（1）FZL300 型 CBTC 系统　FZL300 型 CBTC 系统是北京全路通信信号研究设计院在基于数字轨道电路列控系统 FZL100 型的基础上，升级而成的新一代 CBTC 系统。该系统主要由基于通号集团国产的中心和车站 ATS 系统，通号集团国产的 DS6-60 型计算机联锁子系统，通号集团国产的 DS6-60 型区域控制器设备、LEU（数据传输设备，用于接收列控中心传送的数据报文并发送给有源应答器和应答器设备以及车-地通信环线设备），通号集团国产的 FZL.Z20 型车载 ATP/ATO 设备，数据通信子系统、有线通信网络采用基于标准协议的 SDH 骨干传输设备和高端的交换设备，采用基于 WLAN 协议的无线通信网络设备等部分组成。

根据通号公司发布的信息显示，FZL300 型 CBTC 系统在 2008 年开始系统的研制工作，

2011年完成软件研发和室内测试，2011年底准备开展现场试验工作，2012年，该系统的部分子系统已通过了欧标SIL4级认证，还有一些子系统也相继通过劳氏安全认证。该系统的各个子系统平台在伊朗地铁，唐山中低速磁浮试验线，长春轻轨3、4号线等工程中均有应用。

（2）LCF-300型CBTC系统　LCF-300型CBTC系统是北京交控科技有限公司依托北京交通大学、轨道交通控制与安全国家重点实验室、轨道交通运行控制国家工程研究中心自主创新研发的，是目前在国内应用最成熟的一套ATC系统。

LCF-300型CBTC系统是一个基于无线的移动闭塞系统。其实现了工程化的拼图式产品体系，且轨旁设备少、设备体积小、价格低；根据列车自主定位，通过计算后续列车的位置，给出最佳制动曲线，切实提高了区间的通过能力；通过与车辆的配合，实现了开门状态下的折返，节省了折返换端时间，提高了系统的折返能力；具备完整的驾驶台和完备的数据记录故障诊断功能。

（3）MTC-Ⅰ型CBTC系统　MTC-Ⅰ型CBTC系统是中国铁道科学研究院和广州市地下铁道总公司联合开发研制的。整个系统主要由六个子系统组成：由中心和车站本地控制设备组成的FZy型ATS子系统；TYJL-Ⅲ型2乘2取2安全冗余结构的计算机联锁子系统（包括计轴设备和国产欧标应答器设备）；基于CPCI工业计算机平台开发的ATO子系统；包括2乘2取2冗余架构的车载VOBC和轨旁ZC设备组成的ATP子系统；基于SDH同步数字系列骨干通信网和车-地无线通信网构建的DCS子系统；进行系统设备维修信息收集、管理的TJWX型微机监测子系统。作为广州地铁参与研制的一套ATC系统，MTC-Ⅰ型CBTC系统已在广州地铁进行了全面的现场试验，并且研发成果同步由英国劳氏铁路进行了安全认证。

（4）iCBTC系统　iCBTC系统是卡斯柯信号有限公司通过引进国外技术，经消化吸收再自主创新研发，且日趋成熟的基于车-地双向无线通信的移动闭塞控制系统。该系统主要由区域控制器/线路中心单元（ZC/LC）；数据存储单元（DSU）；联锁CI；中心及车站ATS；车载控制器CC；LEU等轨旁设备构成。

iCBTC系统是目前国产CBTC系统中的佼佼者。主要特点有后车的地址终端（EOA）可以是前车的尾部，不用划分虚拟区段，真正实现了移动闭塞；只需要两条网线即可实现车载设备首尾热备，简化了接口与维护成本；其ATS系统在国内地铁中已广泛应用，且与各个厂家进行过接口，拥有更贴近用户习惯的操作界面；适用空间波和波导等多种方式的车-地通信方式，并支持这两种方式在同一线路上的混合配置。

12.7　CBTC系统的关键技术

1. 移动闭塞技术

移动闭塞是基于区间自动闭塞原理发展起来的一种新型闭塞技术，是实现CBTC的关键技术之一。移动闭塞与固定闭塞相比，具有诸多技术优点，最显著的特点是取消了地面信号机分隔的固定闭塞区间。列车间的最小运行间隔距离由列车在线路上的实际运行位置和运行状态确定，闭塞区间随着列车的行驶，不断地移动和调整，故称为"移动"。城市轨道交通列车运行控制系统未来的发展方向是CBTC，而移动闭塞技术代表了未来闭塞制式的发展方向。

2. 列车定位技术

城市轨道交通列车运行密度高、站间距离短、安全性要求高，列车自动控制系统及列车本身需要实时了解列车在线路中的精确位置，分布于轨旁和列车上的列车自动控制系统根据线路中列车的相对位置实时动态地对每一列列车进行监督、控制、调度及安全防护，在保证列车运行安全的前提下，最大限度地提高系统的效率，为乘客提供最佳的服务。

3. 车-地双向数据传输技术

在 CBTC 系统中，列车与地面之间的信息传输是其关键技术之一。CBTC 系统利用连续、大容量的车-地双向数字通信实现列车控制信息和列车状态信息的传输。CBTC 系统在减少地面设备的基础上解决了车-地双向大容量信息传输以及信息传输的安全性，实现了更多的列车控制功能，从而缩短了列车运行间隔和列车的安全制动距离，提高了线路的利用率和行车安全。可以大幅度地提高城市轨道交通系统的运营能力，降低运营成本。

设计实训

任务1 继电电路应用设计

1. 目标

1）掌握继电电路的故障-安全特性。
2）理解电路中有关继电器及触点的作用。
3）理解继电电路的特点。

2. 设备

直流无极继电器、整流式继电器、电源、变压器、导线、开关、灯泡、熔断器、焊锡等。

3. 实施步骤

每4~5人为一组，如图S-1所示电路，制作调车信号机控制电路。

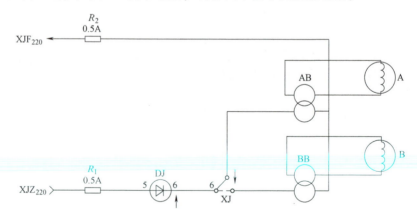

图S-1 电路设计

任务2 轨道电路设计

1. 目标

1）掌握轨道电路各组成部分的作用。
2）掌握轨道电路的工作原理。

3）能够正确设计简易轨道电路的结构。

2. 设备

轨道电源、轨道变压器、继电器、轨道电阻、钢轨及引接线、绝缘部件等。

3. 实施步骤

1）根据原理采用 Trancad 设计轨道电路。

2）按照要求组装轨道绝缘，正确安装槽型绝缘、鱼尾板、绝缘套管、绝缘垫、铁垫片与螺栓等，连接轨道电路送电端和受电端。

3）调整轨道电阻，确保轨道电路在调整状态下轨道继电器可靠吸起，在分路状态下可靠落下。

任务3 轨道电路的划分

1. 目标

1）掌握车辆段内轨道电路的划分原则。

2）进一步理解轨道电路划分中需要考虑的实际问题。

2. 设备

城市轨道交通车辆段信号平面图。

3. 实施步骤

1）分组完成车辆段内及站间轨道电路的划分及命名。

2）分别讲解各自的划分方法及依据。

3）讨论各种划分方法中的错误及优劣。

4. 分组讨论

每 4~5 人一组，讨论以下问题：

1）利用轨道电路实现检查线路是否有车占用、传输控制信息等功能时，可能存在哪些不足？

2）轨道电路出现故障时，会对列车运行带来什么问题？

任务4 信号机设计

1. 目标

1）掌握城市轨道交通车辆段内有关信号机的设置及作用。

2）掌握城市轨道交通车辆段内有关信号机的显示方式及显示意义。

2. 设备

1）城市轨道交通车辆段信号平面图。

2）车辆段设备图片：停车线、洗车库、咽喉区等。

3）录像资料：列车进段、列车出段等。

3. 实施步骤

1）信号机布置及作用：根据所提供的车辆段信号平面图，明确各线路的作用及信号机设置原则，区分车辆段内调车信号机和列车阻挡信号机的不同作用。

2) 认识设备：提供车辆段内不同性质、不同类型信号机的设备实物图片，根据信号机外观、设置位置等识别各信号机，并能够讲解图中设备的有关知识。

3) 信号显示与列车运行：根据列车及其他车辆进出车辆段以及在车辆段内作业的录像，能够说明有关作业过程中相关信号的显示意义。

任务 5　信号机的基本结构及控制电路

1. 目标
1) 了解不同信号机的特点。
2) 了解不同信号机的内部结构。

2. 设备
透镜式色灯信号机、组合式色灯信号机、LED 式信号机以及信号机控制电路。

3. 实施步骤
1) 观察不同信号机在内部结构方面的不同。
2) 观察不同信号机在信号显示方面的不同。

任务 6　轨道电路对信号灯的控制

1. 目标
熟悉轨道电路的作用并进行信号灯控制。

2. 设备
轨道模型 2~4 段（可导电）、无极继电器 3 个、直流电源 6 个（分别与继电器和信号机电压相匹配）、信号机（LED 式，可以为可用模型）3 台。

3. 实施步骤
1) 铺设轨道并按照极性交叉对轨道电路进行配置。
2) 测试轨道电路是否可用，使用小车或者轮对在轨道上行走，观察轨道继电器是否可靠吸起和落下。
3) 设计轨道电路对信号机的控制。
4) 按照设计电路搭建信号机显示电路。
5) 验证设计。

任务 7　道岔转辙机设计

1. 目标
1) 掌握转辙机的作用。
2) 了解转辙机的内部结构，了解各部件的作用。

2. 设备
1) ZD6 型转辙机。
2) 由转辙机牵引的道岔。

3）转辙机组件：电动机、减速器、摩擦联结器、移位接触器、齿条块、挤切销、锁闭齿轮等。

3. 实施步骤

1）打开转辙机机盖，观察转辙机的内部组成。
2）观察转辙机各部件，了解转辙机各部件的作用。
3）操纵转辙机动作，观察转辙机牵引尖轨转换的过程。

任务8　计算机联锁系统操作

1. 目标

1）了解计算机联锁系统的工作原理。
2）掌握计算机操作以及故障处理操作能力。
3）了解计算机联锁系统在 CBTC 系统中的作用。

2. 设备

1）正线联锁工作站。
2）车辆段联锁工作站。
3）线路设备仿真系统。

3. 实施步骤

模拟列车占用：在设备仿真软件界面轨道名称处单击右键，不勾选相应轨道区段继电器（GJ）表示该区段占用或故障，联锁上位机显示该区段红光带。

模拟轨道故障至少执行以下几个实验：
1）进路接近轨故障后接近锁闭及总人解延时解锁操作。
2）进路内部轨道故障后信号关闭及股道故障恢复后的信号重开操作。
3）道岔区段故障后无法单操实验。

任务9　联锁表编制

1. 目的

1）了解联锁表编制规则及所包含的内容。
2）掌握联锁表的编制方法。

2. 设备

1）计算机联锁系统。
2）车站信号平面布置图。

3. 实施步骤

1）联锁区及非联锁区中与信号设备有关的线路布置及编号。
2）联锁道岔、信号机、信号表示器、轨道电路区段（含侵限绝缘区段）等有关设备及其编号和符号。
3）尽头线、专用线、机务段以及无岔区段的轨道电路区段编号。
4）正线和到发线的接车方向，区间线路及机车走行线的运行方向。

5) 信号楼（或值班员室）等的符号。

6) 信号楼（或值班员室）中心公里标，联锁道岔和信号机距信号楼（或值班员室）中心的距离。

7) 进站信号机外方制动距离内有超过 6‰ 下坡道时的换算坡度数。

8) 根据车站信号显示规范及进路设置要求编制三条进路联锁表。

9) 分别在联锁控显机上操作上述三条进路，观察联锁控显机界面元素变化，同时观察信号机、道岔状态变化。针对每条联锁表，比对其填写的内容与实物的对应关系。

任务 10　进路解锁

1. 目的

1) 了解进路解锁实现的条件。
2) 通过办理进路解锁，掌握进路和人工解锁过程的工作原理和工作时序。

2. 设备

计算机联锁工作站。

3. 实施步骤

1) 正常解锁。设计部分进路，执行自动行车，观察正常解锁时机及设备状态。
2) 总人解。

任务 11　进路故障处理

1. 目的

1) 熟悉进路中可能出现的各种故障及故障处理办法。
2) 办理各种类型的进路和模拟行车，通过人为设计各种类型的故障，并采取相应的故障处理措施，解决故障。

2. 设备

计算机联锁工作站、线路设备仿真工作站。

3. 实施步骤

1) 教师机设置一个故障，要求学生办理接车作业。
2) 学生办理一个正常接车进路，待进站信号开放后教师在故障模拟盘设置故障（红光带），要求学生办理取消接车作业，并阐述作业流程及原理；要求学生办理取消进路作业，并阐述作业流程及原理。
3) 教师机设置一个故障，要求学生办理接车作业，并阐述作业流程及原理。学生机需办理咽喉引导总锁进路，人工接车。
4) 学生自己设置故障，在设备仿真端设置道岔故障，观察上位机并排列接车进路。

任务 12　列车自动控制（ATC）系统

1. 目标

了解 ATC 系统组成及运行原理。

2. 设备

ATC 系统模拟实验室、ATC 系统运行软件、车站等。

3. 实施步骤

1) 模拟实验室讲解：根据模拟实验室的运行软件进行 ATC 系统组成及运行原理讲解。
2) 车上教学：参观电动列车 ATP 及 ATO 设备。
3) 调度中心教学：参观调度中心 ATS 设备。
4) 观看教学录像：观看城市轨道交通 ATC 系统的有关教学录像以加深理解。
5) 讨论：ATC 系统主要由哪些部分组成？各部分的主要作用是什么？

任务 13　列车自动防护（ATP）系统及车载设备

1. 目的

熟悉在列车驾驶中 ATP 系统是如何对列车进行安全防护的。

2. 设备

模拟驾驶器。

3. 实施步骤

1) 初步感受模拟驾驶器的操作和熟悉 DMI。
2) 进行模拟驾驶。
3) 尝试在超过目标速度、超过最高限速、运行中改变驾驶模式、运行中松开驾驶员控制器、CM 模式下尝试退行、长距离退行等情况下，列车驾驶状态的改变。

任务 14　列车自动驾驶（ATO）系统及车载设备

1. 目标

1) 熟悉 ATO 系统车载设备的安装位置。
2) 掌握 ATO 系统车载各个设备的功能。
3) 掌握驾驶员显示单元的使用方法。

2. 设备

一列完整的模拟车辆编组、模拟实训软件等。

3. 实施内容

1) 转动列车模式开关，置于 ATO 档位。
2) 输入正确的目的地号和驾驶员号。
3) 启动车载信号系统，观察"ATO 指示灯"是否点亮。
4) 按压"发车按钮"，观察列车运行过程中速度的变化。

任务 15　列车自动驾驶（ATO）系统实现车站精确停车

1. 目标

1) 了解 ATO 系统对列车速度的控制。

2）了解 ATO 系统的精确停车功能。

2. 设备

一列完整的模型车辆编组、轨道环线、定位设备等。

3. 实施步骤

1）启动列车运行软件。

2）设定列车停车位置。

3）观察计算机上所显示的列车停车过程中的速度-距离曲线。

任务 16　列车自动监控（ATS）系统在控制中心的设备

1. 目标

1）掌握 ATS 系统在控制中心的设备组成。

2）掌握 ATS 系统的基本功能。

3）掌握 ATS 系统的基本操作。

2. 设备

调度主机、培训终端、大屏幕、网络服务器、网络数据存储设备、调度电话、电源等。

3. 实施步骤

1）闭合 ATS 系统调度主机电源，启动系统。

2）输入用户号和密码，登录进入系统。

3）在显示器和大屏幕上，监督全线所用列车实际的运行情况，观察列车在追踪、停站和运行过程中，设备工作状态的变化情况。

4）在调度终端上操作，实施取得对某车站的控制权。

5）在控制中心办理该车站的进路作业，观察设备的动作和响应情况。

6）退出系统。

任务 17　列车自动监控（ATS）系统在车站的设备

1. 目标

1）掌握 ATS 系统在车站的设备组成。

2）分析对道岔实施操作不成功的原因。

3）掌握在 ATS 的车站计算机上的基本操作。

2. 设备

车站计算机、网络接口、调度电话、电源等。

3. 实施步骤

1）闭合车站计算机主机电源，启动系统。

2）输入用户号和密码，登录进入系统。

3）在终端显示器上，监督本站范围内列车实际的运行情况。

4）在终端人机界面上操作，向控制中心申请取得本车站的控制权。

5）对本站的道岔进行单独操纵，锁闭和解锁作业。

6）退出系统。

任务 18　CBTC 系统认知任务

1. 目的

1）了解 CBTC 系统的组成及结构。
2）了解 CBTC 系统的功能特点。

2. 设备

1）计算机联锁工作站。
2）区域控制器工作站。
3）设备仿真工作站。
4）车载设备仿真工作站。
5）地铁虚拟线路系统。

3. 实施步骤

1）建立出段进路和正线进路。
2）在所有联锁控显机上，单击"上电解锁"，为联锁操作表做好准备。
3）观察道岔位置在定位状态，结合控显机界面及实体道岔位置共同观察，在计算机联锁系统上相应显示正确采集并反映现场设备状态信息。
4）排列一条段内出段进路，观察控显机界面变化和现场设备变化。
5）排列一条转换轨出段进路，观察控显机界面变化和现场设备变化。
6）排列一条正线折返进路，观察控显机界面变化和现场设备变化。

参 考 文 献

［1］　高继祥. 铁路信号运营基础［M］. 北京：中国铁道出版社，1998.
［2］　吴汶麟. 国外铁路信号新技术［M］. 北京：中国铁道出版社，2000.
［3］　何宗华，汪松滋，何其光. 城市轨道交通通信信号系统运行与维修［M］. 北京：中国建筑工业出版社，2003.
［4］　林瑜筠，魏艳，赵炜. 城市轨道交通信号基础设备［M］. 北京：中国铁道出版社，2012.
［5］　郭进. 铁路信号基础［M］. 北京：中国铁道出版社，2010.
［6］　张利彪，颜月霞. 城市轨道交通信号与通信系统［M］. 2版. 北京：人民交通出版社，2015.
［7］　贾毓杰. 城市轨道交通通信与信号［M］. 2版. 北京：机械工业出版社，2014.
［8］　李建洋，李锐，穆中华. 城市轨道交通信号基础设备［M］. 北京：中国科学技术大学出版社，2014.
［9］　傅世善. 闭塞与列控概论［M］. 北京：中国铁道出版社，2006.
［10］　李开成，卜长堃，毛俊杰. 国外铁路通信信号新技术纵览［M］. 北京：中国铁道出版社，2005.
［11］　魏晓东. 城市轨道交通自动化系统与技术［M］. 北京：电子工业出版社，2004.